1924

Koen Caris

# 1924

## Ergens tussen Denver en Colorado Springs

bokeh ✱

© Koen Caris, 2017

© Bokeh, 2017

Leiden, NEDERLAND
www.bokehpress.com

ISBN 978-94-91515-70-5

Omslagafbeelding: James Sowerby, 1794

## PERSONAGES

| | |
|---|---|
| JOHN | de dronkenlap (41) |
| BOBBIE | zijn dochter (17) |
| ANGIE | zijn vrouw (40) |
| MARY | Bobbies vriendin (17) |
| LAZARUS | de barman/de priester (50) |
| JANEY | de dorpsoudste (63) |
| VERTELLER | de verlokker |

# Proloog

*Het toneelbeeld wordt bepaald door een grote bar van onafgewerkt hout, waar Lazarus aan zit: een massieve, donkere man. Daarachter een groot kruis, dat fel oplicht. Houten panelen over de achterwand. Op de achtergrond zingt Janey, de andere personages houden zich stil. De Verteller komt op, een koffer achter zich aan slepend. Uit twee gaten in de koffer lekt een spoor van zand. Lazarus houdt zijn ogen strak op hem gericht.*

VERTELLER  Er is een stad.
Of ja,
stad.
Een dorpje.
Ergens tussen Denver en Colorado Springs.
Bijna weggeëvolueerd.
Verstopt tussen wuivend graan en onoverbrugbare bergen,
maar toch.
Het ligt er.

Het had een naam ooit,
het moet een naam hebben gehad.
Iemand moet ooit een eerste paal het zand in gedwongen hebben en zich het dorp hebben toegeëigend.
Maar de woestijnwind raast over de vlakte hier,
en toen de laatste oorspronkelijke korrel zand was weggewaaid
leek het onzin om die naam nog te gebruiken.

En met het zand is ook de naam vervlogen.
Ze noemen het het dorp.
Sommigen noemen het thuis.
Als ze het al iets noemen.
Langs dit dorpje loopt,
sinds enkele weken,
nog vrijwel ongebruikt,
glimmend van verdampend vet
en glanzend in de felle zon,
een spoor.
Het slingert achter de houten kerk vandaan,
langs de winkeltjes en vervallen huizen,
en verdwijnt tussen de graanvelden,
naar een plek die geen van de inwoners van het
dorpje echt kent.
En waar ze allemaal
zo min mogelijk aan denken.

Iedere derde dag komt er een trein langs.
Een kleine goederentrein,
met één coupé voor reizigers.
Iedere derde dag beginnen de kopjes in het dorpscafé
te trillen, beginnen de honden te blaffen, en
iedere derde dag stapt er niemand uit.
De trein stoomt verder en de kopjes bedaren en voor
drie dagen keert de rust terug,
maar toch.
Die rails blijven liggen.
Ze blinken je tegemoet als je over straat loopt.
's Nachts glanzen ze, blauwzwart afgestoken tegen
de velden,
en onwillekeurig gluur je,

als je in de buurt bent,
in de richting van de kerk,
om te kijken of er misschien
in de verte al een rookpluim te zien is.
Of de kopjes al trillen mogen.
En soms kijk je zelfs de andere kant op,
naar waar het spoor verdwijnt
tussen de graanvelden,
om uiteindelijk uit te komen
bij de grote stad.
Dan schud je je hoofd
en vervolg je snel je weg.

En zo hakt,
sinds een paar weken,
het komen van de trein
de tijd in stukjes.
Je ziet het aan de mensen.
Ze bewegen zich sneller, onrustiger,
ze haasten zich over straat.
Glazen gaan sneller naar de lippen.
Oud zeer drijft sneller boven.

Eén keer is er iemand uitgestapt,
heeft iemand zijn koffer op de droge grond laten
ploffen, gezien hoe het stof dat opdwarrelde bleef
hangen, verstild, voordat het zich uiteindelijk op
zijn schoenen nestelde, in zijn broek vastbeet, heeft
hij de trein nagekeken tot de laatste stoompluim
verdwenen was, tot het gerinkel was opgehouden,
en is toen op zijn koffer gaan zitten.
En is dan maar de verteller
van het verhaal.

Hij is nu eenmaal hier uitgestapt,
en hier,
zal iedereen beamen,
als je het ze vraagt,
kom je niet zo makkelijk weg.
Als je er eenmaal bent.

Het is 1924.
En binnenkort wordt alles heel, heel erg anders.

*De Verteller gaat op zijn koffer zitten. Janey is gestopt met zingen.*
*Lazarus zet met een schakelaar het licht van het kruis uit.*

# Een

*De bar. Lazarus erachter, John eraan, Janey aan een tafeltje achteraf. John is dronken.*

| | |
|---|---|
| JOHN | Mooie dienst vandaag. |
| LAZARUS | Mh-mh. |
| JOHN | Ja echt. |
| | Je was – je zat er echt in. |
| | Weet je? |
| | En toen over – over God en de zondaars, en – |
| | wraaaaah. |
| | Het was. |
| | Ja. Mooi. |
| LAZARUS | Dank je, John. |
| JOHN | En toen je – |
| | over eh, |
| | over dinges, |
| | dat was. |
| | Pfoe! |
| | Mooie dienst vandaag. |
| LAZARUS | Ik heb je gezin niet gezien. |
| JOHN | Nee? |
| | Nee, misschien ook wel niet. |
| | Angie was er. |
| LAZARUS | Angie was er niet. |
| JOHN | O. |
| | Nee, misschien was Angie er ook wel niet. |
| LAZARUS | Het is belangrijk, John. |
| | Om met je gezin naar de dienst te komen. |
| | Dat is belangrijk. |

| | |
|---|---|
| JOHN | O. Eh. |
| | Ja. |
| | Ik zal het ze zeggen. |
| | Als ik weer thuis ben. |
| | Zal ik het ze zeggen. |
| LAZARUS | Doe dat. |
| JOHN | Lazarus? |
| LAZARUS | John. |
| JOHN | Nog eentje? |
| LAZARUS | Als jij zorgt dat je volgende keer – |
| JOHN | Jajajajaja, |
| | ik neem het gezin mee de volgende keer. |
| | We maken er een dagje van. |
| LAZARUS | Goed. |
| JOHN | Hoeveel krijg je van me? |
| LAZARUS | Ik schrijf 'm wel op. |
| JOHN | Goeie vent, Lazarus. |

*Korte stilte.*

| | |
|---|---|
| LAZARUS | Heb jij Bobbie nog gezien laatst? |
| JOHN | Bobbie. |
| LAZARUS | Je dochter. |
| JOHN | Bobbie! |
| | Nee. |
| | Of ja, jawel, in de kerk. |
| | Bij de dienst. Net nog. |
| LAZARUS | Jij hebt genoeg gehad. |
| JOHN | Nee nee nee, wacht even, ik weet dit. |
| | Het was… vorige week. Vorige week? |
| | Ja, vorige week, jazeker, ze had een jurkje aan, mooi |
| | jurkje, en schattige laarsjes en ze floot |
| | een leuk wijsje voordat ze… |

*John begint te lachen.*

JOHN        Voordat ze haar gouden haren wapperde en ik drie
wensen mocht doen.
Grapje grapje grapje,
natuurlijk heb ik haar nog gezien.
Ik zal verdomme mijn eigen dochter toch niet kwijt-
raken?
Ik hoor haar stommelen als ze thuiskomt.
Áls ze thuiskomt.

*John lacht weer, houdt dan op.*

LAZARUS     Ik zou haar in de gaten houden als ik jou was.
Ze is iets van plan.

*Angie komt op. Werpt één blik op John, draait zich om en loopt
weer weg.*

JOHN        Angie.
Angie!
Godsallejezuschristus in de hel, Angie!

*John stumpert van zijn barkruk af en achter Angie aan. Janey
komt overeind.*

JANEY      Ze is jong. Bobbie.
LAZARUS   Daarom juist.
JANEY      Het trekt wel weg. Het trekt altijd weg.
LAZARUS   Heb je haar zien staan?
JANEY      We hebben haar allemaal zien staan.
LAZARUS   Bij het spoor.
Voor zich uit starend.

En nu is ze nergens te bekennen.
Ik zeg het je. Ze gaat iets doen.
En het gaat niet goed zijn.

JANEY    Ik denk dat je overdrijft.
LAZARUS  We gaan het zien.


*Mary, een keurig meisje in nog keuriger kledij, komt naar voren en kijkt naar de Verteller. De Verteller kijkt terug. Stilte. Mary lijkt iets te willen zeggen maar bedenkt zich dan. Ze loopt terug naar achter, rilt onwillekeurig. De Verteller kijkt haar na.*

# Twee

*Angie en John, buiten de bar.*

JOHN      Jezus, Angie.

ANGIE    Nee, niks niet Jezus Angie.

JOHN      Eén drankje.
Op zondag!
Eén drankje op zondagavond moet
– vind ik –
kunnen.

ANGIE    Het is twee uur 's middags. En het was niet één drankje. Er staat nog werk te wachten.

JOHN      En dat ga ik doen.

ANGIE    Je bent dronken.

JOHN      Een ietsiepietsie beetje.

ANGIE    Op de Heer Zijn dag.

JOHN      Ik ben verdrietig.

ANGIE    Iedereen is verdrietig.

JOHN      Iedereen behalve jij. Hm?

ANGIE    Waag het niet.

JOHN      Het huppelt door de straten,
en het huppelt en het huppelt.

ANGIE    John.

JOHN      En het zingt een vrolijk wijsje, en het plukt een mooi boeketje en IK SNAP NIET waarom we er niet gewoon over kunnen praten!

ANGIE    Ga je roes uitslapen.

JOHN      Ik ben er
vrij zeker van

|  |  |
|---|---|
|  | dat dat nou één van die dingen is |
|  | waar je over praten moet. |
| ANGIE | Waar heb je het over? |
| JOHN | [*schreeuwt op fluistertoon*] Ssht! Sht! |
|  | We mogen het er niet over hebben van m'n vrouw. |
|  | We mogen het er niet over hebben |
|  | hoe het mis ging, nog niet zo heel erg lang geleden, |
|  | hoe het allemaal kapot ging en hoe – |
| ANGIE | Hou op. |
| JOHN | Waarom niet? |
| ANGIE | Ik wil het niet. |
| JOHN | En ik dan? |
| ANGIE | Jij houdt je mond. |
|  | Jij doet je werk en jij houdt je mond. |
| JOHN | O, gezellig. Vind je het gek dat Bobbie constant verdwijnt? |
| ANGIE | Bobbie verdwijnt omdat ze zich voor jou schaamt. Omdat ze geen zin heeft om haar eigen vader naar huis te slepen. Omdat ze genoeg heeft van de blikken als haar vader in de kerk al z'n heupfles erbij pakt, want iedereen weet het, John! |
|  | Daarom verdwijnt ze. |
| JOHN | Waar heb je het over, Bobbie was net nog bij de dienst. |

*Angie valt stil.*

|  |  |
|---|---|
| ANGIE | …echt? |
| JOHN | Ja. |
|  | Nee. |
|  | Ja, nee, ja, nee, ja, nee, weet ik niet, ja. |
|  | Daar wil ík nou eens niet over praten. |

|          |                                                                 |
|----------|-----------------------------------------------------------------|
|          | Daar hou ík nou eens stil over.                                 |
| ANGIE    | Heb je haar gezien?                                             |
| JOHN     | God, Annie, schat, ik ben – kapot.                             |
| ANGIE    | John, nee, John!                                               |
| JOHN     | Het pakt de vrouw, het kust haar en –                         |
| ANGIE    | Blijf hier, heb je haar gezien?                               |
| JOHN     | Het gaat naar bed,                                            |
|          | want jongens: het is een lange dag geweest!                  |
| ANGIE    | John!                                                          |

*John loopt af.*

ANGIE      Goddomme…

# DRIE

*Mary komt, de benen angstvallig bij elkaar gehouden, Lazarus' bar ingeschuifeld.*

| | |
|---|---|
| LAZARUS | Mary? |
| MARY | Ik wilde niet – |
| | Ik wilde alleen maar… |
| LAZARUS | Kom verder. |
| MARY | Ja. |

*Mary blijft staan.*

| | |
|---|---|
| LAZARUS | Wat kan ik voor je doen? |
| MARY | Ik, eh. |
| LAZARUS | [*vriendelijk*] Ik weet niet waar Bobbie is. |
| MARY | O. |
| | O. Nou ja. |
| | Eh. |
| LAZARUS | Je mag hier wel wachten als je wilt. |
| MARY | Ik wil niet storen. |
| LAZARUS | Het is een bar. |
| MARY | Maar toch. |
| JANEY | Mary. Mary liefje, kom eens bij Janey zitten. Lieverd, kom een oude vrouw eens gezelschap houden. |

*Mary blijft staan. Lijkt een aantal keer iets te gaan zeggen maar slikt het steeds weer in, totdat:*

| | |
|---|---|
| MARY | Ja zeg, ik ben toch niet de enige die hem gezien heeft?! |
| JANEY | Die wie gezien heeft? |
| MARY | Bij het spoor! |
| | Hij zit er al een paar dagen. |
| LAZARUS | Ik heb hem gezien. |
| MARY | Hij kijkt me na. |
| | Als ik voorbij loop kijkt hij me na |
| | en nu weet ik niet waar Bobbie is. |
| | Wil je hem wegsturen? Hij kijkt me na. |
| JANEY | Hoe oud is hij? |
| LAZARUS | Jong. |
| JANEY | Misschien een toerist. |
| LAZARUS | In deze streken? Onzin. Alles wat hier te vinden is, is ergens anders mooier. |
| MARY | Ik vind hem eng. |
| LAZARUS | Wat doet hij? |
| MARY | Kijken! Dat is toch gek? |
| | Wat als Bobbie hem ziet? |
| JANEY | Ja, en dan? |
| LAZARUS | Dat kunnen we niet gebruiken. |
| MARY | [tegen Janey] Jij kent Bobbie niet. |
| | Die gaat rare dingen doen. |
| LAZARUS | Ze mag hem niet zien. |

*De drie kijken naar de Verteller, die nog steeds op zijn koffer zit.*

| | |
|---|---|
| VERTELLER | Er is een legende in dit stadje. |
| | In ieder stadje eigenlijk. |
| | Reis dit land door en je hoort het honderden keren. |
| | Over een reiziger, |
| | iemand van ver, die in een stadje aankomt, |

niet heel erg anders dan dit,
en daar verleid wordt door een vrouw.
En wel zo, dat hij het stadje niet meer verlaten zal,
hoe graag hij dat ook wil.
Hij zal uitdrogen, verdorren, hij zal klein en
verschrompeld sterven, verdwijnen in het stof.
En hij zal niet de eerste zijn.
Nou ja, de details verschillen.
Maar wat blijft,
in ieder verhaal,
is het einde.
Aan het einde komt er altijd een nieuwe reiziger.
Een frisse, jonge vent die al zijn voorgangers,
zijn treurige, domme, geile voorgangers,
kan redden uit de klauwen van de vrouw.
Die het tij kan keren.
En het verhaal eindigt,
net als wij langzaam gaan vermoeden
dat dit hem niet lukken zal.

# Vier

*Bobbie op. Ze ziet er anders uit dan de anderen. Minder stoffig.
Minder sepia.*

BOBBIE      Hooi!
              HALLOOO!
              Ik ben weer teru-hug!
              Ik breng kennis en weet van de wereld!
              Ik ben weer – nee, niemand? Oké, dan niet.
              Wat heb je allemaal meegemaakt Bobbie, Bobbie
              Bobbie hierzo, noouu jongens van alles hoor, ja nou.

*Mary komt de bar uitgerend.*

MARY      Bobbie?
BOBBIE      Hallo.
MARY      Jij dacht, ik kom weer eens langs.
BOBBIE      Heb je me gemist?
MARY      Bobbie!
BOBBIE      [*doet haar na*] Mary!
MARY      Waar was je?
BOBBIE      Gewoon. Lopen.
MARY      Langs het spoor.
BOBBIE      Maakt het uit?
MARY      Langs het spoor.
BOBBIE      Ja, moeder, langs het spoor.
MARY      Geen grapjes.
              Je weet niet hoe bang ik ben geweest.
BOBBIE      Gewoon een wandeling, Jezus.
MARY      Niet schelden.

*Korte stilte.*

BOBBIE   Sorry, schatje. Kom eens hier. Kom eens bij papa.
         Is het weer goed nu? Niet meer boos zijn, papa haat
         het als je boos bent.
MARY     Je stinkt naar rook.
         En je hebt de dienst gemist.
BOBBIE   Ja, nou ja.
MARY     Ik dacht dat je misschien niet meer terug zou komen.
BOBBIE   Natuurlijk wel. Ik kom altijd terug.
MARY     Ja, nog wel.
BOBBIE   Ja. Nog wel. O, Mary, ik wilde het niet, echt niet.
         Ik wilde gewoon thuisblijven, maar –
         ja ik weet niet, er gebeurde wat.
MARY     Dromen, dromen, dromen.
BOBBIE   Ja! Ik droom ervan, weet je dat?

*Tijdens de volgende tekst klinkt, eerst zacht maar dan steeds harder, het geluid van een naderende trein.*

BOBBIE   Ik sta bij het spoor, de lucht is staalgrijs.
         Opeens begint de grond te trillen, beginnen de
         ramen te rinkelen, en vanuit de verte neemt lang-
         zaamaan een reusachtige zwarte stoomwolk de lucht
         over, vormt een gigantische hemelpoort waaruit de
         trein tevoorschijn schiet, groot en glanzend, sexy,
         recht vooruit, recht op mij af en oh God, Mary,
         moet je je voorstellen, gewoon instappen, een koffer
         met wat spullen en de kleren aan je lijf en anders
         niets, jij en ik.
         We hangen uit het raam en we schreeuwen naar de
         koeien en de koeien schreeuwen terug en we zijn

weg, wegger, wegst, totdat de remmen beginnen te piepen en de trein knarsend tot stilstand komt. Middenin de Grote Stad.

*Het geluid bereikt zijn climax en valt dan weg.*

MARY      Hou op.

BOBBIE    Lawaai en geschreeuw en overal mensen en markt-
kraampjes en, en en en gebouwen, zulke hoge
gebouwen dat je het gewoon niet gelooft. En we
kopen er een huisje,
een klein lief huisje,
precies in het centrum van het midden van alles!

*Korte stilte.*

BOBBIE    [*droog*] Nou, wat heb ik hier allemaal gemist?
Wat voor ongelooflijke aardverschuivingen hebben
hier plaatsgevonden?

MARY      Niks.

BOBBIE    Dat zal ook es niet.

MARY      Niks. Niks bijzonders. Helemaal niks.

*Angie op, ziet Bobbie.*

ANGIE     Kijk nou.

BOBBIE    Hee mam.

MARY      [*ongemakkelijk*] Oh, dag mevrouw.

ANGIE     De verloren dochter keert weer terug.

BOBBIE    Alles kits?

MARY      Eh, zal ik anders even –

ANGIE     Je vond niet dat je ons iets moest laten weten?

| | |
|---|---|
| MARY | Ik kan best gewoon even – |
| BOBBIE | En met pa, hoe is pa? |
| MARY | Oké, ik – ja. |

*Mary rent af.*

| | |
|---|---|
| ANGIE | Drie nachten. |
| BOBBIE | Ken je dat, dat je ergens terugkomt en dat alles er anders uitziet? Frisser?<br>En dat je bijna blij bent om weer terug te zijn?<br>Da's geinig, hè.<br>God, mam, ik ga slapen, ik ben kapot! |

*Bobbie wil weglopen.*

| | |
|---|---|
| ANGIE | Ik heb me zorgen gemaakt. |
| BOBBIE | Wat is dat toch met iedereen? |
| ANGIE | Je was drie nachten weg. |
| BOBBIE | Wat, bleef er werk liggen? |
| ANGIE | Bobbie! |
| BOBBIE | Of nee, nee, een mens mag natuurlijk z'n eigen gang niet meer gaan sinds jeweetwel. |
| ANGIE | Bobbie! |
| BOBBIE | D-day. |
| ANGIE | Ik waarschuw je. |
| BOBBIE | Sinds kleine, domme Benjamin zo nodig – |
| ANGIE | HOU JE MOND. |

*Korte stilte.*

| | |
|---|---|
| BOBBIE | Het idee is dat je de jongste Benjamin noemt, dat weet je, hè? |
| ANGIE | Wat? |

| | |
|---|---|
| BOBBIE | Je moet zo'n jong niet Benjamin gaan noemen als je er nog meer neemt daarna. |
| | Dat slaat toch nergens op? |
| | Hou het dan bij die ene, en laat mij met rust. |
| ANGIE | Ik wil hier liever niet over praten met jou. |
| BOBBIE | Mag ik in dat geval alsjeblieft gewoon weg? |
| | Dankjewel. |

*Bobbie af. Janey komt de bar uit.*

| | |
|---|---|
| JANEY | Je dochter is terug. |
| ANGIE | Ik zie het. |
| JANEY | Je zal wel blij zijn. |
| ANGIE | Moet jij niet ergens heen? |
| JANEY | Ik zeg alleen maar – |
| ANGIE | Ja dank je, Janey. |

*Angie af. Janey draait zich om, ziet de Verteller op zijn koffer zitten. Stilte. Ze aarzelt, loopt dan in zijn richting. Stilte. Ze buigt door haar knieën en raapt een steentje op. Speelt er even mee, gooit het dan zachtjes tegen de Verteller aan. Die kijkt haar kant op. Janey zet een stap dichterbij, raapt nog een steentje op en gooit ook dit tegen de Verteller aan. Die blijft zitten, laat zich niet kennen. Nog een stap, nog een steentje. Met de vierde stap staat ze naast hem, torent boven hem uit. Ze pakt nog een steen op en raakt hem daar voorzichtig mee aan. Aait zijn gezicht, zijn hals.*

| | |
|---|---|
| JANEY | Je lijkt op iemand. Iemand van lang geleden. |
| | Dat is geen goed idee. Daar nemen de mensen aanstoot aan. Daar krijgen ze het warm van. Daar gaan ze van jeuken. |
| | …ik zou maar oppassen. |

# Vijf

*De volgende dag. Lazarus staat achter zijn bar.*

LAZARUS      Twee handjesvol vandaag.
Minder nog dan vorige keer.
En vorige keer al minder dan daarvoor.
Binnenkort houden we niemand meer over.
Mensen zeggen dat je geen kerk nodig hebt om te geloven.
Geen dienst nodig om te bidden.
Mensen zeggen dat je God liefhebben kan, thuis.
Op het veld.
In de kroeg.
Dat je met Hem praten kan, 's nachts, bij het schemeren, woensdag tussen een en twee, en – pfff, misschien hebben ze ook wel gelijk.
Maar in streken waar de duivel altijd dichterbij lijkt dan welke God dan ook zijn dat gevaarlijke gedachten. Zwarte gedachten.
Ongeloof, daar schreven ze de flinterbladen vol mee, maar niemand die het over de verdomde onwil heeft.
De onwil om dat te doen wat goed is.

*Bobbie komt binnengelopen, kijkt om zich heen.*

BOBBIE      …rustig vandaag.
LAZARUS      Rustig vandaag.
Rustig morgen.
Rustig volgende week.
Rustig komend jaar.

| BOBBIE | Ik weet het. |
|---|---|
| LAZARUS | En jij maakt het niet makkelijker voor me. |
| BOBBIE | Waarom doet iedereen hier zo moeilijk over? |
| | Gewoon een wandelingetje, mijn God. |
| LAZARUS | Ga je weg? |
| BOBBIE | …wat? |
| LAZARUS | Ga je weg? |
| BOBBIE | Nee, ik – weet ik veel. |
| | Misschien wel, misschien niet. |
| | Heb je enig idee hoe saai het hier is? |
| | Ik ben te groot geworden, of, of het dorpje is te heet |
| | gewassen, ik weet het niet, maar – |
| | ik verveel me. |
| | Heel erg. |
| | En altijd. |
| | En waarom zou je ook dingen doen als er niemand |
| | kijkt? Wat heeft dat nou voor zin? |
| | Ik ben een meisje, ik ben een mooi meisje |
| | en hier heeft bijna niemand daar wat aan! |
| | Toch? |
| | Vader? |
| | Zouden niet meer mensen moeten kunnen zien wat |
| | voor een mooi meisje ik ben? |
| LAZARUS | Hoor je jezelf? |
| BOBBIE | Ja, ik weet het. |
| | Arrogant, lasterlijk, ze zouden m'n gezicht er af |
| | moeten scheuren, ik wéét het. |
| | Ben ik ook. Zouden ze ook. Weet ik. |
| LAZARUS | God ziet je. |

*John komt de bar binnen, niet dronken dit keer.*

| | |
|---|---|
| BOBBIE | Ja, ik denk niet dat God al Zijn geld op ons durpje heeft ingezet als ik heel eerlijk ben. |
| JOHN | Al Zijn eieren in ons spreekwoordelijke mandje heeft gedropt, zogezegd. |
| LAZARUS | John. |
| JOHN | Lazarus. |
| BOBBIE | Pa. |
| JOHN | Bobbie. |

*Stilte.*

| | |
|---|---|
| JOHN | Weer terug dus? |

*Bobbie gebaart van, blijkbaar.*

| | |
|---|---|
| JOHN | Stom hoor. |
| | Was lekker weggebleven. |
| LAZARUS | John, we hadden een gesprek. |
| JOHN | Ga door, ga door! |
| | Joh, hee, kan mij het wat interesseren, ga, blijf, zwijg, praat. Het zal mij een potje aan m'n rauwe reet roesten, ik zal jullie niet storen, ik wilde gewoon één klein – verzetje – één klein – van dattum – praat door! Ik ben er niet! |
| BOBBIE | Nee, laat maar. |
| LAZARUS | Bobbie – |
| BOBBIE | Laat maar! |
| | Jezus, zo belangrijk is het niet. |

*Bobbie loopt weg. John ploft neer aan de bar.*

| | |
|---|---|
| LAZARUS | Dank je, John. |

| | |
|---|---|
| JOHN | Vrije wereld. |
| LAZARUS | Het gaat niet goed met je dochter. |
| JOHN | Bla bla bla. |
| LAZARUS | John! |
| JOHN | Het gaat met niemand niet goed. |
| | Daar moet je geen aandacht aan schenken. |
| | Als ik de woorden zou hebben om te zeggen wat |
| | ik… mmhnjeh. |
| | Dan zou het met mij |
| | ook helemaal niet zo denderend gaan. |
| LAZARUS | Je meent het. |
| JOHN | Maar ik klaag niet. |
| | Ík klaag niet. |
| | Het zijn die, |
| | die godverdomde wijven! |
| | Die die die, |
| | «uuuuh m'n zoon is dood», |
| | «uhuhuh m'n broer is dood». |
| | Ja, Jezus, |
| | dat wéten we toch? |
| | Daar hoeven we toch |
| | niet zo verdomde moeilijk over te doen? |
| | Doe ik toch ook niet? |

*Lazarus weet hier geen enkele geschikte reactie op.*

| | |
|---|---|
| JOHN | En je mag het niet zeggen, hè? |
| | Het gaat er altijd over, |
| | we hebben het over niets anders, |
| | maar je mag het – niet – zeggen. |
| | Nou. Lazarus. Dat verzetje, wat zeggen we daarvan? |
| LAZARUS | Jij zou je gezin meenemen naar de dienst. |

| | |
|---|---|
| JOHN | Ja, nou ja, je weet hoe ze zijn. |
| LAZARUS | Dat had je beloofd. |
| JOHN | Volgende keer. |

*John reikt naar de drankfles, maar Lazarus zet hem buiten zijn bereik. Korte stilte.*

| | |
|---|---|
| JOHN | Lazarus. |
| LAZARUS | John. Nee. |
| JOHN | Maar – |
| LAZARUS | We hadden een afspraak. |
| | Misschien kun je beter naar huis gaan. |
| JOHN | Kom op. |
| | Lazarus. |
| | Goeie vent. |
| | Je laat die goeie, ouwe John toch niet zomaar… |
| | alsjeblieft. |
| | Eentje maar. |
| | Ik heb geen – ik kan toch niet naar huis. |
| | Eén drupje. |
| LAZARUS | Waar zie je me voor aan? |
| JOHN | Maar – |
| | O. Ja. |
| | Ja, oké. |

*John staat op.*

| | |
|---|---|
| JOHN | Lekkere priester ben jij. Hm? Lekker begaan met mijn zielenheil. |

*Hij loopt weg, draait zich dan weer om.*

| | |
|---|---|
| JOHN | Trouwens, trou-wens, jij loopt er ook niet al te florissant bij, heeft iemand dat al tegen je gezegd? |
| LAZARUS | Ga weg, John. |
| JOHN | Niet om even lekker over naar huis te schrijven. |
| LAZARUS | John! |
| JOHN | Als ik niet beter wist zou ik nog denken dat al die verhalen over jou een tikkie overdreven zijn. |
| LAZARUS | Ga weg. |
| JOHN | Guttegut, het lijkt de Bijbel wel. |
| LAZARUS | Oprotten nou! M'n bar uit! |
| JOHN | Oké oké oké, heremetering. |
| LAZARUS | Niet schelden. |

*John draait zich bij de deur nog een laatste keer om.*

| | |
|---|---|
| JOHN | Kut pik anus Jezus. |
| LAZARUS | John! |

*John stapt de bar uit en gaat recht voor de ingang op de grond zitten.*

# Zes

*Angie thuis.*

ANGIE      Ik vind niet dat een vrouw 's avonds alleen zou
moeten zijn.
Ik heb gewerkt.
Ik heb getrouwd, ik heb gebaard.
Ik heb heupen waar je niet omheen kunt en vet op
m'n rug en nu is het avond en vind ik niet dat ik
alleen zou moeten zijn. Daar heb ik het niet voor
gedaan.
Ik heb een vent maar ik weet niet waar.
Ik heb een meid maar ik weet niet waar.
Ik dacht,
het leven gaat door.
Toen er gebeurde wat er gebeurde, ik dacht,
we moeten het vergeten.
Ik dacht,
zolang ik maar niet
's avonds laat
uit het raam staar,
en me opeens realiseer
dat ik helemaal alleen ben...
Betekent verder niet dat ik blij ben dat je er bent
hoor.

JANEY      Natuurlijk niet.

ANGIE      Ik snap ook niet zo goed waarom jij er bent.
Ik heb je binnengelaten
omdat het koud is,

|        |                                                        |
|--------|--------------------------------------------------------|
|        | en omdat je oud bent.                                  |
|        | Wil je wat te drinken?                                 |
| JANEY  | Nee bedankt.                                           |
| ANGIE  | Dan snap ik al helemaal niet waarom je hier bent.      |
| JANEY  | …jij hebt hem ook gezien.                              |
|        | Ik weet dat je hem gezien hebt.                        |
|        | Jij herkent het ook.                                   |

*Angie wil het hier niet over hebben.*

|        |                                                        |
|--------|--------------------------------------------------------|
| JANEY  | Ze hoeft maar één keer met hem te praten.              |
|        | Hij heeft iets.                                        |
|        | Iets dat we hier al eerder hebben gezien, en –         |
| ANGIE  | Ze heeft geen enkele reden om met hem te praten.       |
|        | En dan nog zie ik niet in wat jij hiermee te maken     |
|        | hebt.                                                  |
| JANEY  | Meer dan je denkt.                                     |
| ANGIE  | Och gut.                                               |
| JANEY  | Ik heb er nooit over gepraat.                          |
| ANGIE  | Nou, voel je niet verplicht hoor.                      |
| JANEY  | Ik ben getrouwd geweest. Ooit.                         |
|        | Honderd jaar geleden.                                  |
|        | Getrouwd aan een man met golvend haar en bultige       |
|        | armen. Spieren als scheepstouwen.                      |
|        | We hadden een goed huwelijk. Trouw was hij niet,       |
|        | totaal niet, maar hij had altijd spijt,                |
|        | en als hij lachte –                                    |
|        | tanden als verse grafzerken…                           |
|        | Ik lachte zijn verontschuldigingen weg.                |
|        | En ik nam hem terug.                                   |
|        | Wat kon ik anders? Hij was alles dat ik had.           |

|         | En toen hij uiteindelijk wegging, toen hij me alleen liet – |
|---------|---|
| ANGIE   | O nee. Nee, nee, nee! |
| JANEY   | Wat? |
| ANGIE   | Nee, nee, nee, jij gaat mij niet met jou vergelijken. |
| JANEY   | Ik zeg alleen maar – |
| ANGIE   | Ik ben jou niet. Ik word jou niet. |
| JANEY   | Hij was een dromer, net als Bobbie. Altijd op zoek naar iets anders, net als Bobbie. |
| ANGIE   | Ik heb geloof ik helemaal niet zo'n zin om hiernaar te luisteren. |
| JANEY   | Hij wilde zijn geluk beproeven, hij is naar de Grote Stad gegaan. Kom op, zo vergezocht is het toch niet? |
| ANGIE   | Ben je klaar nu? |
| JANEY   | We kunnen dit hier niet gebruiken! |
| ANGIE   | Lieve Janey, ik vind het heel zielig voor je dat je oud en alleen bent. |
|         | Maar ik raak mijn gezin niet kwijt. Ik ben jou niet. |

*Stilte.*

| ANGIE   | Ik maak de bank op. |
|---------|---|
|         | Je kunt niet naar huis in dit weer. |

# Zeven

*In zijn bar heeft Lazarus een hoestbui. Een woest geschuur dat schraapt en scheurt. Als hij zichzelf bij elkaar heeft geraapt stapt hij naar buiten. Hij zet een fles drank naast John neer.*

LAZARUS     Het wordt laat, John.

*John zet de fles aan zijn mond. Lazarus loopt af, zegt in het voorbijgaan tegen de Verteller:*

LAZARUS     Ik denk niet dat je hier echt iets te zoeken hebt, knul.

*Stilte. Als Lazarus bijna af is:*

VERTELLER   't Is gek eigenlijk.

*Lazarus blijft staan.*

VERTELLER   Jullie lijken allemaal heel bruin maar als je dichterbij komt zie je dat jullie lijkbleek zijn, onder een laagje vuil.

*De Verteller komt overeind van zijn koffer.*

VERTELLER   Begrijp me niet verkeerd, ik geloof best dat jullie je goed schrobben maar 't zal wel niet beklijven, hè, zeker niet als alles aan elkaar plakt, huid en haar en zweet en jeuk…

LAZARUS     Wat doe jij hier?

| | |
|---|---|
| VERTELLER | Een beetje mijmeren. |
| LAZARUS | Mijmeren. |
| VERTELLER | Over het leven, de dood, de woestijnwind die verkoelt en verhit tegelijk, beetje, eh, gesticuleren erbij. En als jij je zo even omdraait probeer ik zo heel subtiel m'n balzak van m'n bovenbenen los te weken – zo even, hups, op te wippen – want mijn God, hoe hou je het vol. Zeg. Jij bent, eh… Lazarus, of niet? |
| LAZARUS | Ja. |
| VERTELLER | En jij bent – wat? De barman. |
| LAZARUS | De barman. De priester. |
| VERTELLER | Aah ja, ja precies ja. De vaderfiguur zeg maar. Da's mooi. Da's heel mooi. |
| LAZARUS | Daar weet jij niks van. |
| VERTELLER | Oh, maar dat zijn mijn woorden niet hoor. Nee, nee, nee. Angies woorden. Janeys woorden. Ik heb wat rondgesnuffeld. Ze hebben nogal een hoge pet van je op hier. …ze lijken haast te denken dat je een soort van… mythisch figuur bent. |

*Korte stilte, dan barst de Verteller in lachen uit.*

| | |
|---|---|
| VERTELLER | Hahaha, sorry ik vind het gewoon – nee echt, sorry – ik vind het gewoon komisch dat jullie soort mensen altijd al z'n vertrouwen in een of andere neger plaatst die elk moment dood neer kan vallen. |
| LAZARUS | Wat? |
| VERTELLER | [*serieus*] Je hoorde me. |
| LAZARUS | …waar heb jij het over? |

| | |
|---|---|
| VERTELLER | Dat gerasp en gebrul? Alsof je naar het midden van de aarde graaft. |
| | Mijn gok, 's een gokje hoor: je bent ziek, heel ziek, ja, je ziet het nog niet. |
| LAZARUS | Onzin. |
| VERTELLER | Nou, je ziet het best hoor. Ik zag het gelijk. John zag het ook. |
| | Je loopt erbij als een blauwdruk van jezelf. |
| LAZARUS | Nou moet jij es even heel goed luisteren, jochie. |
| VERTELLER | Ik doe niet anders. |
| LAZARUS | Ik weet niet wie je bent, en waarom je moeder je niet beter heeft opgevoed, maar ga naar huis. |
| | Je hebt hier niets te zoeken. |
| | Pak de trein, loop, wat dan ook, maar blijf niet hier. |
| | Je hebt dunne, witte armpjes. |
| | Nageltjes die zich nooit door de aarde heen kunnen klauwen, geef ons niet de kans om te doen wat we kunnen doen. |
| VERTELLER | Heb ik gelijk, of niet? Met je gehoest. |
| LAZARUS | Domme puppy. |
| VERTELLER | Ach, met zo'n naam hoef je je nergens zorgen over te maken, toch? Een Lazarus die springt zo weer overeind, of niet dan. |
| LAZARUS | Ik probeer jou te waarschuwen, jochie. |
| | Wij gaan op in het landschap, je zult ons niet aan zien komen. |

*Op de achtergrond stampen alle andere personages één keer op de grond.*

| | |
|---|---|
| LAZARUS | Doe jezelf een plezier. |

*Lazarus af. De Verteller kijkt hem na, gaat weer op zijn koffer zitten. John schudt de laatste druppels drank uit zijn fles en gooit deze weg. Hij krabbelt overeind zonder de Verteller te zien. Wankelt.*

JOHN      GOD SCHIEP DE VROUW,
            EN GOD ZAG DAT HET GOED WAS.
            En God… en God zag…
            DAT HET GOED KWAM.
            …
            EN GOD ZAG DAT ZE GOED KWAM.
            HA! HAHAHA.
            GOD SCHIEP DE VROUW EN GOD ZAG DAT
            ZE GOED KWAM!

*John lacht, stort dan door zijn hoeven en valt in een diepe slaap. De Verteller kijkt toe.*

# Acht

*Bobbie rent op met Mary in haar kielzog.*

BOBBIE      Kom op. Kom nou!

*Mary kijkt angstvallig om zich heen.*

MARY      Het is laat.
BOBBIE      Ben je bang?
MARY      …nee.
BOBBIE      Papabeer zorgt voor je hoor.
MARY      Wat doen we hier?
BOBBIE      Kijken. Het donker is eerlijker.
     's Nachts zie je de dingen zoals ze echt zijn.
     Kijk eens.
     Wat zie je?
MARY      Niets.
BOBBIE      Precies.
     Niets.
     Helemaal niets.
MARY      Jij bent afscheid aan het nemen.
BOBBIE      Wat? Nee, ik –
MARY      Wel, jij bent afscheid aan het nemen.
BOBBIE      Ik ben gewoon –
MARY      Papabeer.
BOBBIE      Liefje. Waarom zou een man ooit een vrouw als jou
     verlaten?
     …
     Nou?
     …

|          | Nou?                                                      |
|----------|-----------------------------------------------------------|
| MARY     | Ja, kweetniet.                                            |
| BOBBIE   | Sterker nog: liefje.                                      |
|          | Kijk eens wat papa voor jou heeft meegebracht!            |

*Bobbie haalt een bos bloemen achter haar rug vandaan.*

| MARY     | Och, lieverd. Wat mooi! Dat had je toch helemaal niet hoeven – wacht, waar komen deze vandaan? |
| BOBBIE   | Kerkhof.                                                   |
| MARY     | Bobbie!                                                    |
| BOBBIE   | Wat? Ze zijn mooi, toch?                                   |
| MARY     | Prachtig, maar –                                          |
| BOBBIE   | En hij gaat ze heus niet missen hoor. Hij was hartstikke allergisch. |
| MARY     | [*geschokt*] Heb je ze van –                              |
| BOBBIE   | Ik denk niet dat ze er nog een hadden gewild. Anders hadden ze 'm nooit Benjamin genoemd. Een soort van de-eersten-zullen-de-laatsten-zijn-Amen-ding. En toen kwam er opeens nog hots flats een dochter bij en nou zit ik met die achterlijke naam opgescheept. Bobbie. |
| MARY     | [*schamper*] Je had liever Benjamin geheten.             |
| BOBBIE   | Ik had graag de optie gehad.                              |
| MARY     | Het zijn mooie bloemen.                                    |

*Stilte.*

| BOBBIE   | [*aarzelend*] Ik denk dat het leven misschien best wel een mooi iets is. |

|        |                                                                 |
|--------|-----------------------------------------------------------------|
|        | En ik snap niet zo goed dat jij dat per se hier wilt uitzitten. |
| MARY   | Dat is geen uitzitten.                                          |
| BOBBIE | Bidden en werken, bidden en werken, bidden en werken. Ik noem dat uitzitten. |
| MARY   | ...ik wil het gewoon graag goed doen.                           |
|        | Zoals het hoort.                                                |
| BOBBIE | Ja, maar ik weet niet of het wel zo hoort hoor.                 |
| MARY   | En dan, uiteindelijk, als de Heer het wil –                     |
| BOBBIE | Ooh uuuugh.                                                     |
| MARY   | Ja, jij vindt dat stom.                                         |
|        | Jij brult dat altijd meteen terug de grond in.                 |
|        | Maar ik snap niet hoe je hier iets anders kunt.                 |
|        | Er is hier niets dat tot iets anders leidt.                     |
|        | Alles hier is zo ontzettend onherroepelijk verlammend zichzelf. |
|        | En als er dan één ding is, iets dat misschien uiteindelijk, op een dag, een hoger doel kan dienen, iets dat meer kan zijn dan alleen zichzelf, dan... dan moet je dat toch aangrijpen? |
|        | Ik ben er blij mee.                                             |
|        | Maar jij vindt dat stom.                                        |
| BOBBIE | Ik vind het eng.                                                |
| MARY   | Geloof jij in God?                                              |
| BOBBIE | Wat?                                                            |
| MARY   | Geloof je in God.                                               |

*De Verteller staat op.*

|        |                            |
|--------|----------------------------|
| BOBBIE | Wat een gekke vraag.       |
| MARY   | Nou?                       |
| BOBBIE | Weet ik niet. Ik denk het. |

|          | Wil ik het niet over hebben. |
| MARY     | Waarom niet? |
| BOBBIE   | Gewoon niet. Wie is dat? |
| MARY     | Wat? Wie? |
| BOBBIE   | Hij daar. |

*Mary schrikt als ze de Verteller ziet.*

| MARY      | Niemand. Ik weet het niet. Niemand. Laten we naar huis gaan. |
| BOBBIE    | Een nieuwe? |
| MARY      | Hij is hier een dag of wat geleden aangekomen. Luister, ik denk niet dat je met hem moet – Bobbie! Bobbie, niet – |
| BOBBIE    | Hallo. |
| VERTELLER | …hallo. |
| BOBBIE    | Wie ben jij? |
| VERTELLER | De Verteller. |

*Alle personages op de achtergrond klappen één keer in hun handen en stampen één keer met hun voet. Klap stamp.*

| BOBBIE    | Alsof er hier iets te vertellen valt. Wat een onzin. Wat voor Verteller ben je dan? |
| VERTELLER | Ik vertel verhalen. |
| MARY      | Bobbie. |
| BOBBIE    | Jaha. |
| MARY      | Bobbie, ik wil naar huis. |
| BOBBIE    | Ja, ga maar. |
| MARY      | Maar – |
| BOBBIE    | Wat voor verhalen vertel je dan zoal? |
| VERTELLER | Wat je maar horen wilt. |

BOBBIE      Leugens?
VERTELLER   Als je dat wilt.
MARY        Bobbie…!
BOBBIE      Waar kom je vandaan?
VERTELLER   De Grote Stad.
BOBBIE      Nietes. Echt?

*Mary aarzelt, rent dan weg, het begrafenisboeket achterlatend.*
*Ze gaat direct naar Lazarus toe, vertelt hem wat er gebeurd is.*
*Gedurende de volgende dialoog voegen Janey en Angie zich bij hen.*
*De vier aanschouwen het geheel.*

BOBBIE      Welke dan?
VERTELLER   De grootste.
BOBBIE      Echt joh?
VERTELLER   Echt.
BOBBIE      Je komt uit de grootste Grote Stad.
VERTELLER   Ja.
BOBBIE      En je hebt verhalen voor me.
VERTELLER   Wat denk je dan.
BOBBIE      Ik denk dat je liegt.
            Als ik uit de Grote Stad zou komen, dan zou ik wel
            zorgen dat ik nooit hier terecht kwam.
VERTELLER   Misschien was ik wel ergens naar op zoek.
BOBBIE      O ja joh.
VERTELLER   Misschien was ik wel op zoek naar jou.
BOBBIE      [*lacht*] Ja hoor.
            Wat een onzin. Pfft.
            …
            [*besmuikt*] Hoezo dat dan.
VERTELLER   Ja, weet ik niet.
            Nee, je hebt gelijk, 't is onzin.

|            |                                                                 |
|------------|-----------------------------------------------------------------|
|            | Waarom zou ik naar jou op zoek zijn?                            |
|            | Zeg, het begint laat te worden, moet jij niet eens naar huis?  |
| BOBBIE     | Ik had een broer die naar de Grote Stad wilde. Hij is nooit gegaan. |
| VERTELLER  | Stom van hem.                                                   |
| BOBBIE     | Hij is doodgegaan.                                              |
| VERTELLER  | Slim van hem.                                                   |
| BOBBIE     | Vorige lente.                                                   |
|            | We mogen het er niet over hebben want er begint altijd wel iemand te brullen. |

*Korte stilte.*

| BOBBIE | Het begint inderdaad laat te worden. Ze wachten op me. |
|--------|--------------------------------------------------------|

*Ze draait zich om, loopt weg.*

| VERTELLER | Je vraag je af waarom je je nooit alleen voelt. In de Stad. |
|-----------|-------------------------------------------------------------|

*Bobbie blijft staan.*

| VERTELLER | Waarom het nooit helemaal stil is. |
|-----------|-------------------------------------|

Wat je hoort is de afwezigheid van stilte, maar dat moet je niet verwarren met geluid.

Alles gonst er. De straten en de gebouwen, de verschrikkelijk hoge gebouwen, zo hoog dat je het gewoon niet gelooft, ze weerkaatsen het geluid nog lang nadat het eigenlijk is weggestorven. Alsof ze de bedrijvigheid en de schreeuwende marskramers en de zingende mannen en de lachende meisjes opgezogen hebben. Alsof langs iedere groef, iedere steen, iedere balk en iedere kabel geluidsgolven springen. Als je over straat loopt trilt de ademhaling van de Stad na in je voeten, kort en jachtig.

Het geluid springt tussen gebouwen omhoog, hoger en hoger, om uiteindelijk boven de skyline uit te schieten en het luchtledige in te suizen.

Je komt nooit bij de hemel als je niks hebt om je aan op te trekken, hè.

*Bobbie hijgt.*

BOBBIE      Ik moet naar huis.
VERTELLER  Ja.
BOBBIE      Ik moest uren geleden al naar huis.
VERTELLER  Ja.
BOBBIE      Iedereen loopt zich altijd ontzettend aan te stellen als ik effe weg ben.

*Ze loopt weg, draait zich nog een keer om.*

BOBBIE      Hoe lang blijf je nog?
VERTELLER  Weet ik niet. Maar lang zal het niet zijn. Ik denk niet dat jullie me gaan mogen.
BOBBIE      Over een paar uur stopt een trein hier.

            …

            Zorg dat je 'm mist.

*Bobbie haast zich weg. Stilte. De Verteller haalt een fles sterke drank uit zijn jaszak. Hij loopt naar John, die nog altijd ingestort ligt te wezen voor op het toneel, en zet de fles naast hem neer. Dan loopt hij terug.*

VERTELLER  Het probleem van reizen is dat het je perspectief verandert. Het zoomt uit.

*Tijdens zijn volgende tekst lopen Lazarus, Angie, Janey en Mary op. Ze gaan op één lijn achter de Verteller staan, gelijk verdeeld over het podium.*

VERTELLER  Je ziet het traject nog wel, maar de camera is te ver naar boven gevlogen.
En wat ooit je leven leek, een bescheiden maar mooi bestaan, een bestaan dat in essentie niet onderdeed voor dat van anderen, dat blijkt nu niets meer te zijn dan een krioelend puntje in een zee van krioelende puntjes. Duizenden puntjes, die precies dezelfde patroontjes lopen als jij. Maar dan beter.
Stukje bij beetje zoomt de camera wel weer in, komt hij als een schuchter beestje hortend en stotend weer wat dichterbij, maar het duurt lang. En helemaal zoals eerst wordt het nooit.
Tenzij je weer teruggaat naar waar je vandaan kwam.
Maar ja.
Waarom zou iemand dat ooit doen?

*Lazarus, Angie, Mary en Janey klappen één keer in hun handen en stampen één keer op de grond. Achter hen licht het kruis fel op, waardoor hun gezichten onzichtbaar worden.*

# Negen

| | |
|---|---|
| LAZARUS | Je praat met het meisje. |
| VERTELLER | Goeienavond. |
| LAZARUS | Dat willen wij niet hebben. |
| MARY | Hij draagt gekke kleren. Zien jullie het? |
| ANGIE | We zien het. |

*Klap.*

| | |
|---|---|
| LAZARUS | Waarom praat je met het meisje? |
| VERTELLER | ... |
| MARY | Hij heeft een koffer die hij overal mee naartoe zeult. Zien jullie het? |
| ANGIE | We zien het. |

*Stamp.*

| | |
|---|---|
| VERTELLER | Kan ik jullie helpen? |
| JANEY | Wij beginnen ons sterk af te vragen – |
| LAZARUS | Wie je bent. En wat je hier komt doen. |

*Klap stamp.*

| | |
|---|---|
| VERTELLER | Je mag me de Verteller noemen. |

*Angie lacht.*

| | |
|---|---|
| MARY | Aansteller. |
| LAZARUS | Ik bepaal verdomme zelf wel hoe ik je noemen mag. |

| | |
|---|---|
| ANGIE | «De Verteller». |
| JANEY | Mensen als wij hoeven niet verteld te worden. |
| VERTELLER | Zeg, ik heb het ook niet bedacht. |
| LAZARUS | Waarom ben je hier? |
| VERTELLER | Ik ben hier uitgestapt. |
| LAZARUS | Waarom? |
| VERTELLER | Ik moest plassen. |
| ANGIE | Sorry? |
| VERTELLER | Ik zat in de trein en ik moest plassen. Als er een wc in de trein was geweest was ik niet uitgestapt. Of als ik minder gedronken had, maar ja, zo gaan die dingen. Ik moest plassen. |
| MARY | Hij kijkt naar me. Hij kijkt naar me met van die viezige, melkige ogen. Stadsogen. En hij praat met Bobbie. |
| LAZARUS | Je weet wie ik ben. |
| VERTELLER | Dat weet je. |
| LAZARUS | Toen ik hier aankwam was er niets. Nog niet eens de kampresten van eerdere reizigers. Laat staan een dorp. In zeven dagen legde ik – |
| VERTELLER | Ja ja ja ja, het fundament van een bescheiden kerk. Het is echt ongelooflijk hoeveel uitgeteerde negers dit land telt, die allemaal wel eens in zeven dagen een kerk hebben gebouwd. |

*Lazarus en Angie dwingen de Verteller op zijn knieën.*

| | |
|---|---|
| JANEY | Maak ons niet belachelijk. |
| VERTELLER | Nee nee nee, je begrijpt me verkeerd, ik vind het schitterend. Zoveel bescheiden handzaamheid, zoveel – oempf – zoveel brave godsvrucht, dat moet |

|  |  |
|---|---|
|  | de Grote Baas wel héél tevreden stemmen, denk je niet? «En God zag dat het goed was!». |
| LAZARUS | Ja, het is jammer dat iedereen denkt dat het verhaal daar ophoudt. |
| VERTELLER | Dat snap ik niet. |
| LAZARUS | Sommige mensen geloven in de vergeving. Wij geloven in de schuld. |

*Klap stamp.*

|  |  |
|---|---|
| VERTELLER | Wat, en God zag dat het klote was? En God baalde als een stekker? |
| LAZARUS | En God zag dat het misging. |
| VERTELLER | Wat willen jullie nou eigenlijk van me? |
| ANGIE | Er is hier geen plek voor jou. |
| VERTELLER | Ik kijk alleen. |
| ANGIE | Je brengt ons aan het wankelen. |
| JANEY | Je duwt ons om. |
| LAZARUS | En het is een slecht idee om hier om te vallen. Het stof blijft voor altijd aan je kleren plakken. |
| VERTELLER | En een neger komt natuurlijk nooit de hemel in zonder keurig stofvrij pakkie aan. En wie weet hoe lang dat nog duren mag, of niet dan, Lazarus? |

*Lazarus valt de Verteller aan.*

|  |  |
|---|---|
| LAZARUS | Jij domme stadsjongen, jij slappe pisstraal van een jochie. |
| VERTELLER | Oh, was dat ons geheimpje? |
| LAZARUS | Hou je muil! |
| MARY | Wij willen dat hij weggaat. |
| ANGIE | Hij heeft geen reden hier te zijn. |

| | |
|---|---|
| Verteller | Ik kijk gewoon. |
| Lazarus | Het verhaal van kleine dorpjes wordt verteld in de stiltes tussen de zinnen. Niet in de zinnen zelf. |
| Angie | Die fout maken buitenstaanders altijd. |
| Mary | Laat ons met rust. |
| Angie | Hou je bij je eigen. |
| Lazarus | Kijk naar de grond. |
| Janey | Kijk naar de lucht. |
| Lazarus | Kijk naar de kerk. |
| Janey | Kijk desnoods naar het spoor. |
| Mary | Maar kijk niet naar mij. |
| Angie | En blijf bij het meisje vandaan. |
| Verteller | Het meisje zoekt mij op. |
| Angie | Dan verstop je je. Je verstopt je tot ze moe is en het opgeeft. |
| Verteller | Of anders? |
| Lazarus | Anders trek ik je aan je ballen je eigen keel door. En dat is dan de opwarmer. |

*Lazarus duwt de Verteller met zijn gezicht de zandgrond in.*

| | |
|---|---|
| Lazarus | Vanavond vertrekt er een trein. Je zou er goed aan doen daar in te zitten. |

*Angie, Janey, Lazarus en Mary lopen af. Het licht van het kruis dimt. De Verteller krabbelt overeind, wrijft in zijn gezicht. Zijn handen kleuren bruin van het stof. Hij loopt af. Voor op het podium schrikt John wakker. Hij kijkt verdwaasd om zich heen zonder echt iets te zien. Voor zijn neus staat de fles die de Verteller daar heeft achtergelaten. John pakt de fles, zet deze aan zijn mond en drinkt. Stort weer in.*

# Tien

*Bobbie op, brult eentonig:*

BOBBIE  JA ZEG HET IS NIET DAT IK HET PER SE ERG VIND MAAR ALS IEDEREEN ZO ONTZETTEND OP Z'N ACHTERSTE RUNDERLAPPEN STAAT ALS IK ER EVEN TUSSENUIT PIEP, DAN VIND IK HET BEST EEN BEETJE GEK DAT ALS IK DAN WEER TERUG BEN IEDEREEN OPEENS SPOORLOOS VERDWENEN IS.
...
Nee oké.
...hallo? Is daar iemand? Verteller?

*Angie op.*

BOBBIE  Mama? Waar is iedereen?
ANGIE  Hoezo waar is iedereen? Iedereen is druk. Iedereen is aan het werk.
BOBBIE  Maar –
ANGIE  Iedereen heeft niet de tijd om er zomaar tussenuit te piepen.
BOBBIE  Ik vond het gewoon gek dat jullie allemaal weg waren.
ANGIE  Ik weet niet waar jij het over hebt. Ik was gewoon thuis.

*Angie loopt door.*

BOBBIE        Maar ik was net nog – jaaaaa, oké, maar d'r is iets
              heel geks aan de hand hoor.

*Janey op, loopt op Bobbie af.*

JANEY         Oh, godzijdank, je bent er nog.

*Ze omhelst Bobbie stevig.*

JANEY         Ik dacht even dat we al te laat waren.
BOBBIE        Te laat, hoezo te –

*Ook Janey loopt gelijk weer door, Bobbie verbouwereerd achter-*
*latend. Mary op.*

BOBBIE        Jij!
MARY          O, hee, hoi. Bobbie. Hoi.
BOBBIE        Wat is er aan de hand?
MARY          Hoezo?
BOBBIE        Waarom doet iedereen zo raar?
MARY          Wie doet er raar?
BOBBIE        Zeg hallo, wie denk je dat je voor je hebt.
              Ik word net half aangevallen door – dinges – hoe
              heet ze. Oude vrouw.
MARY          Janey.
BOBBIE        Ja. «Godzijdank, je bent er nog, ik dacht» –
              buuuuhhrff. Heb jij daar iets mee te maken?
MARY          Ik weet van niks.
BOBBIE        Ik heb niet zo heel veel zin om het nieuwe dorps-
              projectje te worden, Mary. Als iedereen mij
              nou gewoon met rust zou laten… heb jij de Verteller
              gezien?

| | |
|---|---|
| MARY | Nee. |
| | Nee hoor. |
| | Nee. |
| | Niet gezien. |
| BOBBIE | Zeker? |
| MARY | Ja, Bobbie, zeker, ik ben geen vijf. |

*Stilte.*

| | |
|---|---|
| BOBBIE | Hij is helemaal niet zo eng als je denkt hoor. |
| MARY | Wie? |
| BOBBIE | De Verteller. |
| MARY | O, ja oké. |
| BOBBIE | Mary – |
| MARY | Nee, nee, oké. |
| BOBBIE | Je zou es met 'm moeten gaan praten. |
| MARY | Ik heb hem niks te zeggen. |
| BOBBIE | Hij kan mooi vertellen. |
| MARY | Dit is dus echt precies het probleem met jou, hè! Gadverdamme Bobbie, ben je nou echt zo dom als je doet? |
| BOBBIE | Wat? |
| MARY | Ja, nou, natuurlijk kan hij mooi vertellen, dat is precies het punt! Dat kunnen ze altijd. Wat zegt hij dan? |
| BOBBIE | Gewoon, over de Grote Stad en zo. |
| MARY | Mensen van hier moeten niet over de stad dromen. En jij van iedereen nog wel het minst. |
| BOBBIE | Pardon? Waarom ik nog wel het minst? |
| MARY | Dat weet je best. |
| BOBBIE | Herinner me er eens aan. |
| MARY | Doe niet zo flauw. |

| | |
|---|---|
| BOBBIE | Nee. Ik ben nou toch wel heel erg benieuwd waarom ík specifiek dat niet zou mogen. |
| MARY | Nou ja, gewoon, omdat… jeweetwel. |
| BOBBIE | Nee, zeg maar! |
| MARY | Omdat Benjamin – |
| BOBBIE | God, Jezus Christus!<br>Zijn we daar met z'n allen nou nog steeds –<br>dat was heel erg anders. |
| MARY | Waarom? |
| BOBBIE | Omdat Benjamin een ontzettende sukkel was. Omdat Benjamin er niets van begrepen had. Ligt de hele dag een beetje in z'n bed te stinken en als het allemaal niet lukken wil, als hij maar niet weg komt, denkt hij nou ja laat dan maar zitten en hij duikelt de eerste de beste rots af. |
| MARY | Hij droomde ook. Net zo goed als jij. |
| BOBBIE | Nou laat ons lekker! |
| MARY | Jullie doen het fout! |
| BOBBIE | Hoor wie het zegt.<br>Wij proberen het – ik probeer het tenminste nog.<br>Ik doe tenminste nog een poging.<br>Ik weet hoe trots je bent op je schone jurkjes en je bebloede knietjes, maar mijn God, Mary, waar doe je het in godsnaam voor. Alsof iemand zich jou gaat herinneren straks. |

*Stilte.*

| | |
|---|---|
| BOBBIE | Sorry, schatje.<br>Liefje.<br>Liefje, kom es bij papa. |

|       | Kom es hier. |
| MARY  | Laat me met rust. |

*Mary gaat zitten met haar rug naar Bobbie toe.*

| BOBBIE | Ik meen dat toch niet. |
|        | Papa zegt af en toe dingen. Die die niet meent. |
|        | Liefje. |

*Bobbie komt bij haar zitten.*

| BOBBIE | Wat is er nou aan de hand? |

*Stilte.*

| MARY | Mensen van hier moeten niet van daar dromen. |
|      | Jij denkt dat als je maar gewoon op jezelf vertrouwt |
|      | dat het dan wel goed zal komen. |
|      | Dat je daar geen spijt van krijgen zal. |
|      | Dat je op de een of andere manier uit je eigen warrige |
|      | gedachten een leven kan construeren dat meer is |
|      | dan een tijdverdrijf, meer dan een willekeurige serie |
|      | gebeurtenissen ja, maar ik kan dat niet. Ik durf daar |
|      | niet op te vertrouwen. Ik heb meer nodig. |
|      | Ik ben gewoon zo bang dat ik er op m'n zeventigste |
|      | achter kom dat ik de foute keuze gemaakt heb. |

*Voordat Bobbie iets kan zeggen:*

| MARY | En ja, misschien is hier blijven wel de fout ja. |
|      | Ik ben zo moe van dat constante twijfelen. En ik |
|      | weet ook wel dat het niet makkelijk hoort te zijn, dat |

het allemaal een test is, maar… ik zou zo graag…
een teken, ja, dat klinkt heel overdreven, maar – iets.
Zo van, we zien het hoor. Geen zorgen. We zien het.
Je bent er nog. Je bestaat. Je leeft.

BOBBIE      We praten, hij en ik. Er is niks mis met praten.

MARY        Wrijft hij over je kleren?

BOBBIE      Wat?

MARY        Nou… hebben jullie de seks?

BOBBIE      [*verbaasd*] Hahaha – wat? Nee, natuurlijk niet, we
            –

            hoezo, zouden we dat moeten doen?
            Vind je dat ik dat zou moeten doen?

MARY        Nee.

BOBBIE      Is misschien geen slecht idee hoor.

MARY        Dat is het wel!

BOBBIE      Ik ben er wel benieuwd naar. Hoe dat zou zijn.

MARY        Alsof iemand je aan het spoor vastbindt een emmer
            snot over je heen gooit en kijkt hoe er een trein over
            je heen dendert.

BOBBIE      O ja joh?

MARY        Ja.

BOBBIE      Wat, staat het zo in de Bijbel?

MARY        Nee.

BOBBIE      Nou, hoe weet je dan – oh!

MARY        Wat?

BOBBIE      Heb jij –

MARY        Wat, uhl, nee!

BOBBIE      Jij hebt –

MARY        Niet!

BOBBIE      Met wie dan?

MARY        Niemand!

BOBBIE      En dat zeg je niet eens!

| | |
|---|---|
| MARY | Laat me met rust! |
| BOBBIE | Het zou wel de blauwe knietjes verklaren – |
| MARY | Hou op! |

*Mary krabbelt overeind en rent weg, Bobbie alleen achterlatend.*

# Elf

*De Verteller rolt op.*

VERTELLER    Meisje.
                Mei-sje.
BOBBIE       Wat.
VERTELLER    Meisje.
BOBBIE       Ja, wat.
VERTELLER    Het is koud.
                Je oren zijn rood.
                Je mondhoeken scheuren als je lacht.
                En als je huilt blijft je gezicht zo staan.
                Alle reden om naar huis te gaan.
BOBBIE       Zoooo, jij bent echt niet van hier.
VERTELLER    Je moet naar huis.
BOBBIE       Met je rijm.
VERTELLER    Je moet slapen.
BOBBIE       Ik ben geen kind.
VERTELLER    Niemand hoeft te zien wat voor een mooi meisje jij
                bent.

*Stilte.*

BOBBIE       Heb je een verhaal?
VERTELLER    Nee.
BOBBIE       Vertel me een verhaal.
VERTELLER    Absoluut niet.
BOBBIE       Over de Grote Stad.
VERTELLER    Ik zou wel gek zijn.

| | |
|---|---|
| BOBBIE | Waar je vandaan komt, kom op. |
| VERTELLER | Jij mag helemaal niet met mij praten. |
| BOBBIE | Ja, hèhè. |
| VERTELLER | Ik ben gevaarlijk. Ik lieg. |
| BOBBIE | Niet over de Grote Stad. Daar lieg je niet over. |
| VERTELLER | Wat, niet tegen mooie meisjes als jij, zeker. |
| BOBBIE | Vertellen. |
| VERTELLER | Nooit niet. |
| | Ze zijn hier niet zo blij met me. |
| | Als ze ons zien praten… |
| BOBBIE | …maken ze je dood. |
| | Ik weet het. |
| | Vertellen. |

*Korte stilte.*

| | |
|---|---|
| VERTELLER | Het stof plakt er niet. |
| | Alles is er fel en scherp, niet zo verwassen als hier. |
| | Het is bijna alsof – |
| | sorry nee, ik heb hier geen zin in. |
| | Dan lig ik straks ergens met m'n hoofd in een bijenkorf en m'n ballen in m'n gat, alleen omdat jij te lui bent om zelf iets te verzinnen. |
| BOBBIE | Dat doen ze niet. Niet echt. |
| VERTELLER | Hoe weet jij dat? |
| BOBBIE | Dan hadden ze het allang gedaan. Ze hebben genoeg kansen gehad. |
| | We gaan op in het landschap, weet je nog? |
| | Je ziet ons niet aankomen. |
| | Alsjeblieft, een korte dan, iets om m'n hoofd te vullen. Het loopt sneller leeg dan ik bijhouden kan. |
| VERTELLER | Je moet naar huis. |

BOBBIE        Alsjeblieft?

*De volgende tekst is een en al linguïstisch voorspel.*

VERTELLER    ...daar, als meisjes mooi zijn, wordt er naar ze geke-
ken. Op straat worden ze nagefloten.
Mannen met overhemden, de mouwen opgerold en
de bovenste knoopjes open, de haren in een gladde
lok, lopen de mooie meisjes achterna, om hun heupen de hunne in te schuren, onderbuik op onderbuik
en dan, als de meisjes echt, echt mooi zijn,
pakken de mannen hen bij de hand, en ze sleuren
ze mee naar huis.
Om hen daar, in het licht van nachtelijke billboards
en begeleid door taxiclaxons,
langzaam uit te kleden, en naar ze te kijken.
Heel lang en heel diep naar ze te kijken, net zolang te
kijken totdat ze zien wat voor een mooi meisje ze is...
En bij meisjes zoals jij zal het niet lang duren voordat
iedereen in de Grote, Grote Stad precies weet hoe
mooi of dat ze is.

BOBBIE        Oef!

VERTELLER    Sterker nog –

*Op de achtergrond licht het kruis fel op.*

BOBBIE        Oh fuck.
Oh kut oh kut.

*Janey, Mary en Angie lopen op, beginnen ritmisch in hun handen
te klappen en op de grond te stampen.*

BOBBIE      Ik ben te laat.
VERTELLER   Missen ze je?
JANEY       [*zingt*] Death came a-knockin'
BOBBIE      Ik heb de vorige ook al gemist.
JANEY       [*zingt*] Death came a-knockin'
VERTELLER   Nou dan.
JANEY       [*zingt*] You know that Death came a-knockin' on
            my mother's door
            singin' «Come on mother ain't you ready to go?»
            And my mother stooped down, buckled up her shoes
            and she moved on down by that Jordan stream
            and then she shout «Hallelujah! Done, done my
            duty! Got on my travellin' shoes»

*Ingeleid door de drie vrouwen komt Lazarus op. Hij ziet gelijk*
*dat Bobbie er niet bij is.*

VERTELLER   Zegt hij ooit iets nieuws?
BOBBIE      Nee, maar –
JANEY       [*zingt*] You know that Death came a-knockin' on
            my sister's door
            singin' «Come on sister ain't you ready to go?»
            And my sister stooped down, buckled up her shoes
            and she moved on down by that Jordan stream
            and then she shout «Hallelujah! Done, done my
            duty! Got on my travellin' shoes»

*Klap stamp.*
*Klap stamp.*
*Klap stamp.*
*Bobbie blijft.*

| LAZARUS | Het is vreemd. Het is vreemd is wat het is. Ik kwam hier aan, in zeven dagen legde ik het fundament van een bescheiden kerk, om mijn woorden een plek te geven. Om ze de kans te geven naar boven te klimmen, aan de wolken te blijven plakken. |

En niemand luisterde.

Ik spreekte mijn gedachten en men zei:

«Lazarus,

je moet niet zeggen spreekte.

Spreekte is slaventaal.

Spreekte is degraderend».

En ik hield mijn mond.

Ik zwoegde en zweette voor mijn God en men zei:

«Lazarus,

je moet niet zweten voor je God.

Zweten voor een God is beledigend».

En ik hield stil.

Ik zat voor mijn kerk, liet de felle zon op mijn zwart gezicht schijnen en men zei:

«Lazarus,

je moet je zwarte gezicht niet naar je God richten.

Het is blasfemisch om een roetkop aan God te tonen».

En ik richtte mijn blik naar de grond.

Maar de wind is gaan waaien. De tijden zijn veranderd. Wij hebben een keuze gemaakt.

Makkelijk heeft ons soort het nooit gehad en zal ons soort het ook nooit hebben,

maar houden wij onze mond?

Houden wij stil?

Richten wij onze blikken naar de grond?

Nee, natuurlijk niet!

Wij richten onze verrimpelde, verdonkerde, gebar-
sten, gebroken koppen vol trots naar de hemel en
brullen:
[+*Janey zingt*] Hallelujah!
Hallelujah!
Hallelujah, tot onze laatste armzalige snik!

JANEY [*zingt*] You know that Death came a-knockin' on
my preacher's door
singin' «Come on preacher ain't you ready to go?»
And my preacher stooped down, buckled up his shoes
and he moved on down by that Jordan stream
and then he shout «Hallelujah! Done, done my duty!
Got on my travellin' shoes»

You know when Death comes a-knockin' on my
front door
singin' «Come on sister ain't you ready to go?»
I'm gonna stoop right down, buckle up my shoes
And then I'll move on down by that Jordan stream
and then I'll shout «Hallelujah! Done, done my duty!
Got on my travellin' shoes»

*Lazarus dooft het licht van het kruis. Hij, Angie en Janey lopen
af. Mary blijft hangen, kijkt zoekend om zich heen.*

MARY [*roept*] Bobbie? Bobbie!

*Als er geen reactie komt loopt ook zij af.*

# Twaalf

*John schrikt eindelijk wakker.*

JOHN      Mmhwatwasda?

            …

            Hallo?

            Godsallegodverjezus man.

            Kabaal.

            Kan een mens niet gewoon heel even – o, hallo!

*Hij ziet de fles die naast hem staat, neemt een flinke slok.*

JOHN      Een man wil gewoon.

            Rust.

            Aan z'n stomme kop.

            Maar het… het zuigt en het zeurt en…

*Mary weer op.*

MARY     Bobbie?

JOHN      Het zuigt en het zeurt en een mens moet doen wat
een mens moet doen maar…

MARY     O pardon, ik – gaat alles wel goed?

JOHN      Jonge deerne.

            Jonge bevallige deerne,

            een duizendmaal excuses,

            ik wilde u niet –

            jonge fraaie deerne,

            vraagje,

klein vraagje,
met uw welnemen:
zou u zich heel misschien even verdomme héél gauw
met uw eigen zaken willen bemoeien?!
Laat me met rust!

| | |
|---|---|
| MARY | Ik wilde niet – |
| JOHN | Weg! |
| MARY | Maar – |
| JOHN | Wegwezen, hup! |

*Mary rent af, John krabbelt overeind. Hij strompelt langs het begrafenisboeket dat Mary eerder heeft laten liggen. Stopt. Strompelt terug. Raapt met moeite het boeket op en kijkt om zich heen. Zachtjes klinkt het geluid van een naderende trein. De Verteller verschijnt op het toneel, met zijn koffer. John registreert zijn aanwezigheid nog altijd niet.*

JOHN      Zuigen en zeuren en plakken en trekken en doen, godsamme jongens.

…

Hallo?
Wie is daar?

*Het geluid van de trein klinkt steeds harder.*

JOHN      Angie?
Dit is niet grappig, Angie.
Waar is iedereen?
Hallo?

*Het geluid klinkt steeds harder. Daaronder klinkt, nét waarneembaar, gezang.*

JOHN        Eén drankje, Angie.
            Ik wilde niet –
            één drankje!
            Ik dacht, één drankje,
            dat kan wel.
            Angie?


*Het geluid bereikt zijn climax. Fel licht, waar het silhouet van de Verteller zwart tegen afsteekt. John schrikt.*

JOHN        Ben?
            …
            Benjamin??
            Godverdomme, Benjamin?
            Hallo?


*John zet een paar wankele stappen naar het licht toe, valt dan om.*

JOHN        Ik wilde niet –
            ik wilde alleen –
            Bennie het spijt me, Bennie.
            Ik doe het niet zo heel erg goed, hè?
            Ik vind het best wel lastig om het goed te doen.
            Ik wilde gewoon –
            Jezus jongens, mag dat licht effe een pietsie zachter?
            Godskolere.
            Benjamin? Ben je daar nog?


*Het geluid en het licht nemen af: de trein begint weg te rijden. Zonder de Verteller.*

JOHN        Niet weggaan.

Hee! Bennie!
Blijf nog effe.
Ben?
Alsjeblieft?

*Het geluid sterft weg. Stilte. John ligt hijgend op de grond.*
*Mary op.*

MARY    Sorry, meneer, dat ik u lastigval, maar het gaat over
        Bobbie en ik moet het toch echt gewoon
        even vragen –
JOHN    Ga weg! Laat me met rust!
        Laat me allemaal met rust!

*John krabbelt overeind en struikelt weg.*

# Dertien

*Lazarus op, stormt gelijk op de Verteller af.*

LAZARUS      Dom, dom, dom, dom…!

VERTELLER      Nee, luister even, luister – raak me niet aan.

LAZARUS      Ik heb je gewaarschuwd.
     Ik heb het gezegd, heb ik het niet gezegd?

VERTELLER      Ja, maar –

LAZARUS      Over het algemeen prijs ik mezelf erom behoorlijk
     verdomde duidelijk uit de hoek te komen.
     Heb ik me vergist?

VERTELLER      Nee, nee nee nee, maar luister –

LAZARUS      En nu gingen de honden weer blaffen, waren er
     niet genoeg handen en voeten om alle kopjes stil te
     houden, dus is verdomme weer de helft gesneuveld,
     nu hangen de stofwolken weer metershoog en kijk ik
     nog steeds tegen die arrogante rotkop van jou aan,
     dus geef me één goede reden om je niet nu meteen
     je armen van je romp te scheuren.

VERTELLER      Ik deed het om jou te helpen.

LAZARUS      Dat zal.

VERTELLER      Omdat je ziek bent.

LAZARUS      Ik ben niet –

VERTELLER      Naar mij luistert ze. Ik probeer je te helpen.

LAZARUS      Dan had je wel tegen haar gelogen.
     Dan had je wel gezegd hoe verschrikkelijk de Grote
     Stad is.
     Maar jij liegt niet, jij brengt haar op ideeën.

VERTELLER      Raak me niet aan!

| | |
|---|---|
| LAZARUS | Heb jij enig idee wat je hier losmaakt? |
| VERTELLER | Ik doe niks fout. |
| LAZARUS | Alles gaat scheef hangen door jou. |
| | Alles raakt door de war. |
| | Je kunt het leven hier alleen leven als je niet naar bepaalde dingen kijkt, als je een blinde vlek ontwikkelt, als je je gedachten schoon houdt en je deur dicht, als je constant zorgt dat het zand niet binnen komt, het stof. |
| | En jij stapt hier uit en binnen de kortste keren schuurt alles stuk. |
| | Bobbie wil weg, John draait door. |
| | Ik heb je gewaarschuwd. |
| | Ik ben vriendelijk geweest. |
| VERTELLER | Lazarus, goeie vent, Lazarus, luister nou – |
| LAZARUS | Dat is mijn fout geweest. |
| | Maar de Heer vergeeft fouten, als je maar zorgt dat je het méér dan verdomde goed maakt. |
| VERTELLER | Nee, Lazarus, niet doen – |
| | RAAK ME NIET AAN! |

*Er gebeurt iets. Een schokgolf, een geluid. Lazarus wordt door een onzichtbare kracht naar achter geslingerd; hij kan de Verteller niet aanraken. De twee kijken elkaar aan. Stilte.*

# VEERTIEN

*John strompelt op. Mary staat nog steeds daar waar hij haar de vorige keer heeft achtergelaten.*

JOHN    GOD-VERRE-DOMME!
MARY    Ik ben al weg, ik ben al weg, het spijt me!

*John slaat geen acht op haar.*

JOHN    Het licht, het licht, het licht, het was alsof –
        en ik hoorde je, ik hoorde je, Bennie, je zei… je zei…
        godsamme wat zei je nou?
        Het was mooi, het was schitterend en het licht, en
        het geluid, ik voelde het in m'n hoofd,
        in m'n maag, in m'n ballen –
        mijn God, Bennie, het was wel nogal dramatisch,
        hè?
        Hahaha, wat ben je toch ook een ontzettende homo
        ook, hè, mijn God!

*Mary probeert ongezien weg te sluipen. Ze zal een heel eind komen.*

JOHN    Ik zei het altijd al tegen je moeder, hè,
        ik zei, die Bennie, die is niet helemaal,
        ja leuke knul hoor, maar:
        niet helemaal honderd.
        En nou en nou en nou –
        ja, nou weet ik het effe nie meer.
        Hee jij! Dinges!

*Mary bevriest.*

| | |
|---|---|
| JOHN | Jij bent toch – hoe heet het? |
| | Vlekje, Fletsje… Mary! Mary, toch? |
| MARY | Nee. Niet. Hoezo? |
| JOHN | Van de kerk. |
| | Ja hoor. |
| MARY | Oh nou misschien wel dan. |
| JOHN | Kom es hier. Kom es, kom es, kom es. |
| | Goeie, ouwe John heeft heel even je hulp nodig. |
| | Ik heb net zo iets ontzettend geks meegemaakt. |
| MARY | Meneer, ik wil echt liever niet – |
| JOHN | Ja zeg, kom nou. |
| | Jij bent toch eh – hoeheetdat – zo'n beetje getrouwd |
| | met de grote vent? |
| | Da's jouw ding toch? |
| | Kapotte knietjes van het bidden en zo. |
| MARY | Nou – |
| JOHN | Vertel die ouwe John d'r es wat over. |
| MARY | Echt liever niet meneer, ik moet weg. |
| JOHN | Is heel braaf hoor. Heel erg braaf voor een meisje als |
| | jij. |

*Mary is zichtbaar gevleid. Korte stilte.*

| | |
|---|---|
| MARY | Ja ik ben op een gegeven moment maar kortere jurk- |
| | jes gaan dragen. |
| JOHN | Heel goed! |
| MARY | Want het werd geen gezicht, al die afgesleten knieën. |
| JOHN | Kan ik me voorstellen! |
| MARY | Loste het probleem niet echt op hoor, want na een paar |
| | uur knielen zitten je knieën alsnog onder het bloed. |

| JOHN | Wat een pech! |
|------|---------------|
| MARY | En dan met dat stof hier en dat gaat dan ontsteken – |
| JOHN | Mary! |
| MARY | Ja. |
| JOHN | Focus! |
| MARY | O ja. |
| | Sorry, ik – ja. Sorry. |
| JOHN | Ik heb net iets meegemaakt, iets heel geks |
| | meegemaakt, en ik dacht, misschien was het wel – |
| | nee laat maar. |
| | 't Was niks. Of ja, niks. |
| | Stemmen en geluiden, en en en licht, |
| | door m'n buik, |
| | zeg maar op, zeg maar op, zeg maar kruishoogte, |
| | zeg maar. |
| | Maar. Dat zegt niets, toch? |

*Korte stilte.*

| JOHN | Nou? |
|------|------|
| MARY | Eh. Ja, nou ja. Het kan. Op zich. Wat zeggen. Maar. |
| | Mag ik – mag ik anders heel even – |

*Mary ruikt aan zijn adem. De dranklucht slaat haar zowat naar achteren.*

| JOHN | Ja, ik weet het. Jammer, hè? |
|------|------------------------------|
| | Ik dacht misschien – |
| | maar dat gebeurt mijn soort mensen niet. |
| | Ik dacht, Bennie – hè, Benjamin, |
| | ik dacht iets van, |
| | jaaaaaa je gaat me uitlachen, maar – |

iets van boven of zo.
Een soort van, ja, teken.
Ja, 't is belachelijk.
Maar het had toch. Een soort van troost. Of zo.
…
Zo van.
Ik zie jullie wel. Geen zorgen. Ik zie jullie.

*Mary kijkt op.*

JOHN        Jullie zijn er nog. Jullie bestaan.

*Mary maakt samen met hem zijn zin af:*

JOHN, MARY  Jullie leven.
JOHN        God, moet je me nou es horen.
            Sorry hoor, sorry, niet de bedoeling, ik wilde je niet –

*Mary neemt een besluit.*

MARY        Ik denk dat je gelijk hebt.
JOHN        Ja?
MARY        Absoluut.
JOHN        Maar –
MARY        Het komt voor hoor.
            Zelfs bij – nou ja, bij mensen als – nou ja.
            Oh, en dat hier! Wat spannend!
JOHN        Maar – maar de stank, de drank, de –
MARY        Ja, nou ja.
JOHN        Want ik moet je wel zeggen Mary, Mary, meisje, ik
            heb me mij toch een lap in m'n kraag gezopen, daar
            wordt een mens niet goed van hoor.

| | |
|---|---|
| MARY | Ja zeg, wat wil jij nou? |
| JOHN | Weet ik veel, ik ben niet van deze dingen, ik ken dit niet. |
| MARY | Maar ik wel. En ik zeg je dat het wat zegt. Dat je gelijk hebt. |
| JOHN | Echt waar? |
| MARY | Echt waar. |
| JOHN | En nou? |

*Mary loopt weg, opgetogen.*

| | |
|---|---|
| MARY | Kom mee! |
| JOHN | Wat gaan we – |
| MARY | We gaan het opwekken! |
| JOHN | Ik kom eraan hoor. Eigen tempo, eigen tempo. |

*John en Mary af.*

| | |
|---|---|
| LAZARUS | Ik weet dat het niet eeuwig door kan gaan. |

Ik weet dat het niet eeuwig door kan gaan.
Ik weet dat we in de verleden tijd leven, dat de lucht die we inademen niets anders is dan de laatste zuchten van onze voorgangers. Ik weet het.
Maar mag het alsjeblieft nog heel even duren?
Er is iets, iets in de lucht hier, sommigen noemen het verstikkend, maar – het geeft focus.
Het vertraagt. En er is niets zo dodelijk als een tijd die te snel gaat voor haar mensen.
Hier is de hemel altijd in de buurt.
En ik denk dat dat uiteindelijk belangrijk zal blijken te zijn.

*Lazarus af.*

# Vijftien

*Angie en Janey.*

| | |
|---|---|
| ANGIE | John! Godverdomme, John! Waar ben je? |
| JANEY | Niemand heeft hem gezien. Al een tijdje niet meer. Mary ook niet. Trouwens. |
| ANGIE | Janey. |
| JANEY | Angie. |
| ANGIE | Je zal ook wel niet toevallig Bobbie ergens – |
| JANEY | Ik heb jou nog gewaarschuwd. |
| ANGIE | Wat? |
| JANEY | Ik heb je gewaarschuwd. Ik zei het nog, je moet met haar gaan praten. |
| ANGIE | Ja, dat was toen ook al niet echt jouw zaak. |
| JANEY | Zorg dat ze hem niet ziet, dat zei ik. Je wist dat dit ging gebeuren. |
| ANGIE | Nee, Janey, ik wist niet dat dit ging gebeuren. |
| JANEY | Ik heb je gewaarschuwd! En je hebt niks gedaan! |
| ANGIE | Nee, je hebt het weer eens over die zogenaamde man van je gehad, daar heb je het altijd over, hoe kan ik nou in godsnaam het verschil weten? |
| JANEY | Heb jij nou helemaal niks geleerd van Benjamin? |
| ANGIE | …sorry? |
| JANEY | Toen heb je ook geen vinger uitgestoken. En kijk hoe dat geëindigd is! |

*Stilte.*

| | |
|---|---|
| ANGIE | Jij bent geen familie van ons, Janey. Jij hoort niet bij ons. Ik zou het op prijs stellen als jij je spinnenpootjes uit onze zaken hield. |
| JANEY | Maar – |
| ANGIE | Nee, niks. Nog één keer: als Bobbie weggaat – áls ze weggaat – dan heb jij daar niets mee te maken, is dat duidelijk? |

*Angie loopt weg. Janey kijkt om zich heen, ziet de Verteller. Aarzelt, loopt dan naar hem toe.*

| | |
|---|---|
| JANEY | Je komt uit de stad. |
| VERTELLER | Ja. |
| JANEY | Uit de Grote Stad. |
| VERTELLER | … |
| JANEY | Je lijkt op iemand. Weet je dat? Iemand van lang geleden. |
| VERTELLER | Dan zal ik het wel niet zijn. |
| JANEY | Heb je hem misschien gezien? |
| | Hij is niet groot, vijf voet acht misschien, maar mooi, zo mooi, met kaarsrechte tanden en een lieve lach. Harde schouders. |
| | Hij zal wat ouder zijn nu, hij heet Bob, Bob Goodall. |
| VERTELLER | Het is de Gróte Stad. |
| JANEY | Ja ja ja, maar deze onthoud je als je hem gezien hebt. Echt. Deze ontkom je niet aan. |
| VERTELLER | Op het midden van de stad staat zo'n grote spanning, dat alles langzaam maar zeker naar buiten wordt gedrukt. De stad beweegt zich in kringen. Op een kaart zou je ze haast kunnen aftekenen, als iemand ze had willen nummeren had hij dat kunnen doen. Als je vertraagt, daar, als je het waagt om ouder te |

|         | worden, aan luister te verliezen, dan word je onher- |
|---------|------------------------------------------------------|
|         | roepelijk, traag maar onverbiddelijk het centrum uit |
|         | gedwongen, de buitenste kringen in. |
|         | Dat zijn niet de kringen waarin ik me beweeg. |
| JANEY | Wat wil je zeggen? |
| VERTELLER | Ik ken geen Bob. |
| JANEY | …nee. Nee natuurlijk. Ja. |
|         | Ik moet niet met je praten, als Lazarus – |
|         | het spijt me. Dat was dom van me. |

*Janey af.*

# Zestien

*Mary komt opgestrompeld met een mes in haar handen. John sjokt hijgend achter haar aan.*

MARY      John, kom op!
            We komen in de buurt.

JOHN      Mary, ik weet niet of dit nou wel – ik ben kapot.

MARY      Ja, als je nou gaat twijfelen dan lukt het natuurlijk nooit. Twijfelaars komen altijd in de hel.

JOHN      Wat heb jij met je handen?

MARY      Niks.

JOHN      Jawel joh. Daar dan. Rood.

MARY      Ni-hiks.
            Foutje.

JOHN      Jij hebt er met een klein, klein mesje kleine, kleine gaatjes in geprikt of niet?

MARY      Nietes.

JOHN      Prik, prik. Gek hoor.

MARY      …ik dacht, misschien helpt het.

*John staart haar aan.*

MARY      Nee, het hielp niet, laat me.

JOHN      En in de voetjes?

MARY      Niks.

            …

            Ja d'r zit zo'n heel hard bot in je voet, daar kwam ik niet doorheen.

            …

            Zeg, ik deed het voor jou hoor!

JOHN        Ik weet niet of ik hier nog mee door wil gaan.
MARY        Je moet.
JOHN        Ik vind dat jij een beetje heel erg gek doet.
MARY        Dat komt omdat jij je best niet doet.
            Concentreren, John, kom op, focus. Kun jij je echt
            niet nog iets meer herinneren?
            Wat dan ook.
JOHN        Ik heb het toch al gezegd, een licht, en en en een
            trilling, ik heb het al duizend keer gezegd,
            mijn God iets wordt niet méér waar als je het maar
            vaker zegt hoor.
MARY        Geen stem?
JOHN        Geen stem.
MARY        Zeker weten?
JOHN        Ja, moeder, zeker weten.
MARY        John.
JOHN        Geen stem. Niks.
            Ja, ik dacht eerst van wel, maar nou begin ik toch te
            vermoeden dat ik dat gewoon zelf was.
            Haha. Ik zei best wel goeie dingen eigenlijk.
MARY        [gefrustreerd] Mijn God...
JOHN        Ja zeg sorry hoor, maar dit is allemaal nogal behoor-
            lijk bloedjenieuw voor mij. We kunnen niet allemaal
            de hele dag op onze knietjes zitten voor de Ouwe-
            heer. Stout meisje hoor, met je kapotte knietjes.
MARY        John.
JOHN        Zo willen alle meisjes wel naar papa bidden of niet
            dan, oh God, oh God, oh God –
MARY        John!
JOHN        Eigenlijk gek, hè, dat ze míj dan een openbaring
            geven, van alle mensen, je zou toch zeggen
            dat ze dan eerder bijvoorbeeld jou –

| | |
|---|---|
| MARY | Ja dank je, John. |
| JOHN | Ik zeg het alleen maar. |
| MARY | En niemand vindt het heel erg interessant wat jij te zeggen hebt dus hou alsjeblieft je grote mond even dicht ik moet nadenken. |

*John slikt een reactie in.*

| | |
|---|---|
| MARY | We moeten het op de een of andere manier… opwekken. Er zijn zat mensen die een openbaring hebben gekregen, maar dat was meestal als ze een paar weken niet gegeten of geslapen hadden. Of bijna dood waren gegaan. |
| JOHN | Waar heb jij het over? |
| MARY | Simulatie. |
| JOHN | Asjemenooitniet. |
| MARY | Zweepslagen, offeh, offeh, weet ik veel, bevriezing of zo. |
| JOHN | Is dat wat jij uit die Bijbel van je haalt? |
| MARY | [*luistert niet*] Misschien als we maar gewoon zorgen dat er lang genoeg geen bloed naar de vitale lichaamsdelen stroomt… |
| JOHN | O, hee, ha, nee nee, daar blijf jij vanaf. Stout meisje. |
| MARY | John. |
| JOHN | Als jij denkt dat ik me hier een potje ga laten verminken – |
| MARY | Niet verminken. Beschadigen. |
| JOHN | Dit hele projectje zou echt een stuk sneller gaan als jij mij gewoon een slokkie zou geven. |

| | |
|---|---|
| MARY | Neehee, daar hebben we het al over gehad. Als jij straks een opdracht of zo krijgt ga je je ook knap stom voelen als je 'm niet onthouden kan. |
| JOHN | Ik zeg alleen maar – |
| MARY | Dat kan altijd nog. Kom mee, ik heb een idee. |
| JOHN | Wat? Maar – |
| MARY | Kom mee, vieze ouwe dronkenlap! |

*Mary hobbelt af, haar mes de lucht in gestoken. John loopt mokkend achter haar aan.*

| | |
|---|---|
| JOHN | Niet aardig, niet aardig, niet aardig, niet aardig… |

# Zeventien

*Bobbie komt op, loopt in paniek op de Verteller af.*

BOBBIE      Jij! Praat tegen me!
Zeg iets, wat dan ook.

VERTELLER    Meisje.

BOBBIE      Er zijn dingen aan de hand, er er er er broeien
dingen, het jeukt en ik durf niet te krabben, omdat
iedereen altijd zegt, Bobbie, je moet niet krabben,
dat worden littekens, dat gaat
ontsteken, maar er zijn dingen aan de hand en als
ik nou niet krabben mag dan word ik
godverdomme gek.

VERTELLER    Zou je meegaan?

BOBBIE      ...wat?

VERTELLER    Als ik nu zou vertrekken, zou je meegaan?
Nou?

BOBBIE      Dat kan ik toch niet zomaar –

VERTELLER    Zou je meegaan, ja of nee?

BOBBIE      Ik –

VERTELLER    Het is een simpele vraag.

BOBBIE      ...ik weet het niet.

VERTELLER    Heb je nog nooit op het punt gestaan?
Heb je nog nooit je koffer gepakt?

BOBBIE      Ik pak mijn koffer iedere maand.
Sinds m'n veertiende.
Sinds ik met mijn handen vol bloed naar m'n moeder toe rende en ze tegen me zei dat ik vanaf nu een
echte – of ja, nee, eerst zei ze, best wel laat hoor, om

voor het eerst ongesteld te worden – maar toen zei
ze, dat ik vanaf nu een echte vrouw was.
Ja, dat moet je vooral zeggen in dit dorpje.
Een echte vrouw, dat betekent hier diepe groeven en
waterige oogjes en een lichaam als een haverzak, dat
betekent op je veertigste opgebruikt, dat betekent
een leven als een dag waarin halverwege de ochtend
de zon al begint te zakken.
Dus ik pakte m'n koffer.
Ik ging niet weg, ik was veertien en waar had ik
heen gemoeten, maar de volgende maand pakte ik
m'n koffer weer en de maand daarna weer en algauw
pakte ik elke keer dat ik ongesteld was mijn spullen
en ik verstopte ze onder m'n bed. Maar zodra het
bloeden stopte en m'n buik weer slonk pakte ik ze
weer uit.
Ik pak m'n koffer iedere maand, ja, maar dat is echt
iets heel anders dan daadwerkelijk vertrekken.

VERTELLER  Ga naar huis.
           Pak je koffer.
BOBBIE     Jij bent gevaarlijk.
VERTELLER  Dat had je eerder moeten bedenken. Ga naar huis.
BOBBIE     En jij dan?
VERTELLER  Dat merk je vanzelf.


*De Verteller loopt weg. Bobbie aarzelt, rent dan af.*

# Achttien

*John op, beide handen tegen zijn buik gedrukt.*

JOHN         Mary...! Mary, ik ben bang dat je misschien iets te
                 hard –
                 Mary?
ENGEL      Jòòòòòhn...

*John kijkt verbaasd om zich heen.*

JOHN         Hallo?
ENGEL      Jòòòòòòòhn...!

*John schiet in de lach om al deze gekkigheid.*

JOHN         Hahaha, godalle-Mary, moet je nou es – Mary?
                 Oh, eh, jááááááááá?

*Vijf figuren lopen op in lange gewaden met kappen. Ze gaan verspreid over het toneel staan, net zoals de dorpelingen deden tijdens het verhoor. In hun midden staat de engel. De engel praat zo mystiek als ze maar kan.*

ENGEL      Je hebt ons geroepen en hier zijn we dan, hier dan,
                 hier dan, hier zijn we dan.
JOHN         Ja, hallo?
ENGEL      Jij brave man, jij lieve, stoere, brave man, hier ben
                 ik dan, om jou uit je lijden te verlossen,

|        |                                                                                     |
|--------|-------------------------------------------------------------------------------------|
| JOHN   | om je licht in je hoofd te maken, om je richting te geven, om jou te helpen ons te helpen! |
| JOHN   | Eh, oké, ik snap niet zo goed –                                                     |
| ENGEL  | Ik heb een opdracht voor je.                                                         |
| JOHN   | Ah, kijk.                                                                            |
|        | Nou, komt u maar.                                                                    |

*Klap stamp.*

ENGEL  [*bulderend*] Er gebeuren vreemde dingen hier, duistere dingen, niet lang meer en alles waar jij voor leeft zul je kwijtraken. Zij zullen winnen, en jij, jij zult alles verliezen!

*John wacht geduldig op zijn opdracht. De woorden van de engel lijken tot haar verbazing niet echt doel te treffen.*

ENGEL  [*bulderender*] Alleen zul je zijn, alleen zullen de jouwen zijn, alleen met niets anders te doen dan te wachten op een dood die geen verlichting brengt!

*Geen reactie.*

ENGEL  [*bulderendst*] ELLENDE EN SPIJT ZULLEN JE LEVEN SIEREN, JE ZULT –

JOHN   Ja ja ja ja, oké oké oké.
       Mijn god, heremetering, echt geen andere manier waarop je de boodschap over kon brengen?
       Liedje of zo?

*Klap stamp.*

| | |
|---|---|
| ENGEL | Ik heb een opdracht voor je. Jullie wereld staat op instorten. Het zal niet lang meer duren of alles waar je om geeft is kapot en jij, alleen jij, kunt dit stoppen. Jij bent de profeet, de schuld, het geloof en de dood, jij alleen kunt jullie redden. Keer terug, John! Keer terug naar hoe het vroeger was, keer terug naar de tijden voor deze tijden en keer het tij, dan – en alleen dan – zullen jullie dit overleven. |
| JOHN | Hee hallo, wacht es even. Jij bent gewoon – dinges, Mary! |
| ENGEL | …niet. |
| JOHN | Wel! |

*De engel kijkt om zich heen naar de anderen.*

| | |
|---|---|
| ENGEL | Nee, nietes! |
| JOHN | Echt wel. En hullie komen me ook verdomd bekend voor. |
| ENGEL | Dat komen ze niet. |

*John trekt de kap van een van de figuren naar achter. Het is Bobbie.*

| | |
|---|---|
| JOHN | Daar dan! Hots! Verdomme m'n eigen vlees en bloed. |
| ENGEL | Nee. Luister nou. |
| JOHN | Bobbie. Bobbie, hee Bobbie. |
| ENGEL | Je begrijpt het niet. |
| JOHN | Bobbie. |
| ENGEL | Het is Bobbie niet. |
| JOHN | Ik zal toch zeker m'n eigen dochter wel herkennen. Bobbie! |

*John wappert met zijn handen voor Bobbies gezicht, probeert haar aandacht te trekken, maar Bobbie reageert nergens op.*

| | |
|---|---|
| JOHN | Er – is – iets – heel – vreemds – aan – de – hand – Mary. |
| ENGEL | Je moet terug, John. |
| | Jij bent de enige die het tij keren kan. Het is nog niet te laat. Keer terug naar hoe het vroeger was. |
| DE FIGUREN [*zingen*] | Death came a-knockin' |
| ENGEL | De weg terug is de weg vooruit, John. |
| DE FIGUREN [*zingen*] | Death came a-knockin' |
| ENGEL | O, enne… neem een voorbeeld aan Mary. Die weet waar ze mee bezig is. Hè. Vieze ouwe dronkenlap! |
| JOHN | Hee zeg. |
| DE FIGUREN, | |
| ENGEL | [*zingen*] Death came a-knockin' on my front door singin' «Come on mister ain't you ready to go?» And I gone and stooped down, buckled up my shoes and I moved on down by that Jordan stream and then I shout «Hallelujah! Done, done my duty! Got on my travellin' shoes» |

*De figuren en de engel verdwijnen.*

| | |
|---|---|
| JOHN | De weg terug is de weg – ja zeg, hallo! Wat moet een mens daar nou weer mee? |

*John af.*

## Negentien

*Bobbie op, met een koffer. Angie ziet haar.*

| | |
|---|---|
| ANGIE | Wat nu weer. |
| BOBBIE | Ik ga weg. |
| ANGIE | Onzin. |
| BOBBIE | Echt. |
| ANGIE | Nee. |
| BOBBIE | Ik heb m'n koffer gepakt. |
| ANGIE | Je pakt je koffer elke maand. |
| | Al sinds je veertien bent pak je je koffer elke maand, |
| | dacht je dat ik dat niet doorhad? |
| BOBBIE | Nu is het anders. |
| ANGIE | Hoezo? |
| BOBBIE | Ik ben droog. |
| ANGIE | …wat? |
| BOBBIE | Pas over twee weken weer. |

*Stilte.*

| | |
|---|---|
| ANGIE | [*stil*] Godverdomme. |
| | Ik weet het niet meer. |
| | Het is toch niet alsof ik het allemaal fout heb gedaan? |
| | Ik sta elke ochtend op, reden of niet, |
| | ik werk de hele dag en ik hou van je. |
| | Niet heel veel, maar ook niet heel weinig. |
| | Genoeg, dacht ik. |
| | Ik ben oud geworden. Ik ben dik geworden. |
| | Mijn buik is als een oud hoofdkussen. |

Een hoopje bulten in een te grote sloop en met een knoop die je er niet meer uit krijgt.

En elke keer als ik alleen in de kerk zit, als ik iedereen voel kijken, dan – het is toch niet alsof ik het allemaal fout heb gedaan?

Zijn er geen momenten geweest, ooit, lang geleden – want ik weet hoe ik ben hoor, ik weet het, maar ik weet niet hoe het anders moet –, zijn er geen momenten geweest waarin het stof even liggen bleef, waarin de tijd voor één keer heel even niet te snel of te langzaam ging, waarin ik mijn hand op je voorhoofd legde en je verhalen vertelde, zijn er geen momenten geweest waarop je naar me keek, waarin iemand naar me keek en dacht, ja, dat is een vrouw. Niet perfect, niet eens goed misschien, maar ze is er en ze doet haar best, en over honderd jaar, als alles anders is, dan nog zal zij er geweest zijn. Geen enkel moment? Geen enkele herinnering?

Toen Bennie dood ging – hoe kan ik nou niet meer van hém houden dan van jou? Hij doet niks fout meer. Hij gaat altijd braaf slapen en hij brengt bloemen mee voor z'n moeder, en ik weet het heus wel. Ik ben geen idioot, ik weet hoe hij was.

Ik wist al maanden van te voren dat hij het ging doen. Ik zag het aankomen.

Ik zag het in zijn blik als hij naar de bergen keek, ik zag het in zijn vieze haar en in zijn vuile nagels.

Maar hoe begin je daarover?

Hoe stop je dat?

Ik heb het zo vaak geprobeerd om wat te zeggen, maar je weet hoe hij was, het kleinste woord was

al te veel, en ik dacht – ik was zo bang dat ik hem
alleen maar sneller – uiteindelijk durfde ik het niet.
Ik dacht, ik moet maar gewoon genieten van de tijd
die hij ons nog gunt.
En om dan, nog geen twee maanden later, wakker
te worden en te merken dat je huis leeg is,
dat je dochter diezelfde belachelijke fantasieën heeft
als Bennie…
ik heb hem niet gestopt.
En ik ga jou ook niet stoppen.
Omdat ik niet weet hoe.
Omdat ik altijd nog liever heb dat het jouw keuze
is dan mijn falen.
Godsamme, Bobbie. Jij dom wichtje, waarom moet
het nou zo?
Waarom wil je dit nou per se doen?
Ik weet het niet meer.
Ga maar weg. Je hebt je koffer nou toch al gepakt.
Ga maar.
Ik weet het niet meer.

# TWINTIG

*John op, gekleed in een lang gewaad. Hij is buiten adem, zijn*
*handen zijn vuil en hij zit onder de aarde.*

| | |
|---|---|
| JOHN | Dorpsgenoten! |
| ANGIE | Oh, Jezus. |
| JOHN | En Petrus zeide tot hen, Petrus zeide tot hen, eh – van dittes en van dattum – uw God, Hij is teruggekeerd, welzeker. Hij is teruggekeerd maar Hij is verdomme niet heel erg gecharmeerd van wat hij hier aantreft. En Petrus zeide – al wat was, mag niet meer zijn, stof tot stof tot stof tot stof. Dorpsgenoten! Ik ben gekomen om het tij te keren! |
| BOBBIE | Papa, dit is niet het goede moment. |
| JOHN | Dit is het perfecte moment! Er is geen goed of fout – ja, er is wel fout, heel veel fout. Bijna alles is fout en hoe moeten we het in godsnaam nog rechttrekken – maar er is geen goed of fout moment, dit is hét moment. Het Moment. |
| ANGIE | Jij walgelijke dronkenlap. |
| JOHN | Aaah, nee nee nee, ik weet wat jij denkt. Geen druppel, niks, niets, ik heb het nog nooit zo helder gezien. Weet je Annie, het is helemaal niet zo heel erg leuk hoor, om mij te zijn. Ik weet wat jij denkt, jij denkt dat het allemaal maar makkelijk is, altijd dronken, altijd – altijd vies, maar om eerlijk te zijn is het behoorlijk hard werken hoor. Mijn God. |

Alles altijd maar in het teken van die ondergang…!
Ik begon het eigenlijk een beetje zat te worden.
En God weet dat jíj het wel gezien had.
Ik dacht eigenlijk, ja nou ga jij lachen, Annie, schat,
ik dacht eigenlijk,
misschien moest ik het maar gewoon hier bij laten.
Hm-hm.
Ik bedoel,
voor Bennie heeft dat niet verkeerd uitgepakt,
ja, ik weet wat jij daarvan vindt, maar voor Bennie
is het echt zo slecht nog niet geëindigd, en wat voor
zin had ik nou helemaal…?
Maar toen, oh Annie het was ongelooflijk, het licht,
het licht, het licht dat je botten uitkerft,
het geluid dat als een kudde paarden over je heen
dendert en, en en en Mary, ja vooral Mary,
mijn god Mary, en nu – nu wordt het anders.
Wacht maar. Voor je het weet. Niets blijft hetzelfde.
En ja, soms dan moeten daar wat dingetjes voor
sneuvelen.

ANGIE  John, wat heb je gedaan, John!
JOHN  Niks bijzonders. Je merkt het wel.

*Lazarus en Janey op.*

LAZARUS  Waar ben jij in godsnaam mee bezig?
JOHN  Heeee, jij hier!
Ja, het viel me opeens een beetje op dat er hier wat
kleine dingetjes meer dan behoorlijk niet in de haak
zijn. Ja, jij had het misschien niet zo door, Lazarus,
brave Lazarus, maar pfooee,
wat is het hier toch een potje goed mis!

| | |
|---|---|
| LAZARUS | Doe eens heel gauw normaal. |
| JOHN | Ik heb een opdracht gekregen, dit is het moment, Het Moment, je wilt het niet missen hoor, deze, deze nieuwe start, oude start, nieuwe oude start, terug naar toen oud nog nieuw was, hoe je het maar noemen wil, en wie – de fuck – is dat nou weer?! |

*De Verteller loopt op.*

| | |
|---|---|
| BOBBIE | [*tegen de Verteller*] Daar ben je! |
| VERTELLER | Dag, John. |
| JOHN | Johannes. |
| ANGIE | Ach man. |
| VERTELLER | Leuk je eindelijk eens te ontmoeten. |
| LAZARUS | Donder op! |
| JOHN | [*tegen de rest*] Wie is die vent? |
| BOBBIE | Zeg het ze dan! Wat je mij vertelde. |
| VERTELLER | Ik heb wat zeer prettige momenten met je dochter gedeeld. |
| JOHN | [*tegen de rest*] Kennen jullie hem? |
| BOBBIE | Vertel het ze dan! Over de ademhaling van de stad, over de geluids- golven, over – |
| VERTELLER | We hebben gepraat. Over Bobbies toekomst. Het zal jullie brave mensen niet verbazen dat die ergens anders ligt. |
| BOBBIE | Ja. |
| VERTELLER | Ergens heel erg anders. |
| BOBBIE | Ja. |
| VERTELLER | Ze hoort hier niet thuis. |

BOBBIE     Ja.

VERTELLER  Het is van het grootste belang dat zij hier zo snel mogelijk weggaat.

BOBBIE     Ja!

VERTELLER  En het is van het grootste belang dat jullie zo snel mogelijk ophouden te bestaan.

BOBBIE     Ja – wat?

ANGIE      Wat?

VERTELLER  Kijk naar jullie.
De kleinste speldenprik en jullie liggen al om.

BOBBIE     [*verward*] Dit zei je niet.

VERTELLER  De kleinste ontsteking en jullie beginnen al te rotten.

BOBBIE     Dit zei je niet, hou op.

VERTELLER  Het is gewoon zielig om naar te kijken.

BOBBIE     Hou op!
[*tegen Lazarus*] Zeg dan wat! Lazarus, laat hem ophouden!

VERTELLER  Lazarus?
Maar Lazarus gaat dood hoor!

BOBBIE     Wat?

VERTELLER  Ja, heeft ie dat niet verteld?
Ja hoor, Lazarus gaat de weg van alle levenden, stof tot stof, as tot as, hoe je het noemen wilt, maar dood gaat ie.

JANEY     Nee!

VERTELLER  Ja, hij wilde het graag een beetje stil houden.
Omdat jullie toch enigszins het idee hebben gekregen dat de beste man – ja, hoe moet je 't zeggen, toch een beetje een soort van mythisch was, hè.
Toch een soort van goddelijk. Ja, 't klinkt niet fraai als je het hardop zegt, ik weet het.

Hij wilde het stil houden. Maar jullie hebben het gehoord. Jullie hebben het allemaal gehoord.
Hoest.
Ziek.
Dood.

ANGIE       Je liegt!

VERTELLER   Oh, maar neem mijn woord er niet voor, vraag het 'm zelf! Lazarus?

ANGIE       Lazarus?

*Stilte. Iedereen kijkt naar Lazarus.*

VERTELLER   En niet liegen, hè. Daar zijn ze niet zo happig op daar op 't hoofdbureau.

*Stilte. Lazarus zwijgt. Te lang. Janey schreeuwt.*

JANEY       [*tegen Lazarus*] Jij stomme sukkel, jij ellendeling, waarom heb je niks gezegd, hoe kun je nou zo stom zijn?

LAZARUS     Wat had het uitgemaakt?

JANEY       Het had alles uitgemaakt – je had niet – we hadden niet – we hadden kunnen –

VERTELLER   Het had niets uitgemaakt.

JANEY       Hou je mond!

VERTELLER   Lazarus heeft het precies goed begrepen.

BOBBIE      Dit heb je nooit gezegd.

VERTELLER   Het zijn precies mensen zoals jullie die alles afremmen.
            Je hebt twee taken in dit leven. Je moet je rol binnen het geheel vervullen, maar als die vervuld is dan moet je ook maken dat je wegkomt. Ruimte maken.

Waarom snapt jullie soort dat niet? Je kunt al je goede werk alsnog teniet doen door je welkom uit te putten.
Door domweg niet uit te sterven als dat je godgegeven taak is!

*Stilte. Bobbie laat haar koffer vallen.*

ANGIE      [*tegen Bobbie*] Jij domme teef! Kijk nou wat je binnen
           hebt gebracht.
BOBBIE     Je luisterde naar me.
           Hij luisterde naar me.
           Hij was lief, hij zei, hij zei – mama!
ANGIE      Hou je mond!
BOBBIE     Alsjeblieft, mama.
ANGIE      Ik ken jou niet.
VERTELLER  Bobbie.
BOBBIE     Wat!
VERTELLER  Kom.
BOBBIE     Blijf bij me vandaan!
VERTELLER  We moeten gaan.
BOBBIE     Ik wil niet meer.
           Ik wil niet meer.
           Ik wil niet meer.

*Mary op.*

MARY       Wat is hier allemaal – John?

*Angie stuift op haar af.*

ANGIE      Jij! Verschrikkelijk rotkind!

|  | Jij jij jij… kutwijf! |
|---|---|
| MARY | Wat heb ik – |
| JANEY | Laat dat kind met rust! |
| ANGIE | Was er echt niemand anders om je rotklauwtjes in te slaan? |
|  | Moet je nou kijken wat je met hem gedaan hebt! |
| JOHN | O, hai Mary! |
| MARY | …hai. |
| ANGIE | Hou je mond! |
| MARY | Ik weet niet wat – |
| ANGIE | Jij verschrikkelijk dom gansje. |
|  | Heb jij enig idee hoe gevaarlijk mensen als hij kunnen zijn als je ze serieus neemt?! |
| MARY | Ik heb helemaal niets – ik heb hem alleen gestimuleerd! |
| ANGIE | Gestimuleerd noemt ze dat! Gore spuugteef! |
| MARY | [tegen John] Wat heb je gedaan? |
| JOHN | Ik heb niks gedaan! |
| ANGIE | Jullie hebben het stof naar binnen gebracht. De schaduw. |
|  | [tegen Bobbie] En maar met hem praten en praten en praten. Praten tot hij in je hoofd zat. |
| MARY | Ik zei het toch! |
| BOBBIE | Dit wist ik toch niet? Hoe kon ik dit nou weten? |
| ANGIE | We hebben je gewaarschuwd! |
| BOBBIE | Jij? Jij hebt helemaal niks gedaan! |
|  | Als jij het allemaal zo ontzettend aan zag komen, waarom heb jij dan verdomme niks gedaan? |
|  | Wat ben jij voor moeder? Eerst laat je Benjamin doodgaan en vervolgens – |
| ANGIE | Oprotten! Jij wilde zo nodig weg, ga dan weg! |

Jij doet nog veel meer fout dan Bennie ooit gedaan heeft!

*Korte stilte, dan pakt Bobbie haar koffer en ze rent weg.*

JANEY, MARY  Bobbie!
BOBBIE        Laat me!
JANEY         Bobbie!
BOBBIE        RAAK ME NIET AAN!

*Bobbie af. Mary rent een paar stappen achter haar aan, maar stopt dan. Lange stilte waarin de Verteller rustig wacht, Angie naar de grond staart, Mary naar de Verteller en Janey naar Lazarus.*

LAZARUS       [*tegen Janey*] Het spijt me. Ik durfde het niet hardop te zeggen.

*Stilte. Het begint de Verteller wat al te lang te duren. Hij kucht. Als niemand reageert wijst hij achteloos naar John.*

VERTELLER    Z'n handen zijn vuil.
JANEY        Wat?
VERTELLER    Ik dacht, ik zeg het even.
MARY         John?
JOHN         Hm?
MARY         Je handen.
JOHN         Wat? O, ja. Ja. De grond was hard geworden. Ik moest nogal graven.
             Ik heb hem niet helemaal hierheen kunnen slepen, dat kreeg ik niet voor elkaar.
             Loodzwaar en er braken de hele tijd stukjes af.
ANGIE        Wat?

JOHN          Hij ligt nu halverwege, achter de kerk. Nog best
              toepasselijk.
ANGIE         Wat heb je – o God.
JOHN          Ik denk niet dat je helemaal doorhad wat er moest
              gebeuren, Angie.
ANGIE         O God.
JOHN          Terug naar hoe het vroeger was. Naar de tijden voor
              deze tijden. Ik moest wel.
ANGIE         Ik kan niet –
JOHN          Dat was de opdracht.

*Stilte. Angie stoot een schreeuw uit. Janey huilt. Lazarus zit met
zijn hoofd in z'n handen. Mary rent weg.*

LAZARUS       [*tegen de Verteller*] Wat ben jij?
VERTELLER     Niets waar jullie een woord voor hebben.
JOHN          Ik dacht dat je blij zou zijn.
                    …
              Het wordt weer zoals het was, met Bennie, zoals
              vroeger, voordat… nou ja, bijna zoals vroeger.
              We moeten misschien wat stukjes teruglijmen,
              dingetjes terugduwen, maar dan – dan – ja.
              Dan is het weer zoals het was voordat het stof kwam.
              Voordat het jeuken begon. Het branden.
              Ik dacht dat je lachen zou.
              Hierheen rennen. Me kussen. En dan lachen.
              Al was het maar heel even.
              Angie?

*Angie reageert niet. Staart blind voor zich uit. Loopt af.*

LAZARUS       Hou ermee op, John.

| | |
|---|---|
| JOHN | Nee, jullie snappen het niet. |
| LAZARUS | Hou ermee op. |
| | Het is klaar. |
| | Doe dat ding uit. Je maakt jezelf belachelijk. |

*Lazarus loopt weg. Hij gaat naar de bar, begint zijn spullen te verzamelen. John kijkt naar Janey, de laatst overgebleven dorpeling, maar zij ontwijkt zijn blik. John trekt zijn gewaad uit. Stilte. Loopt af.*

# EPILOOG

*De Verteller zit op zijn koffer.*

VERTELLER  Er is een stad.
Of ja,
stad.
Een dorpje.
Ergens tussen Denver en Colorado Springs.
Bijna weggeëvolueerd.
Verstopt tussen wuivend graan en onoverbrugbare bergen, maar toch.
Het ligt er.
Het land loopt over van dit soort dorpjes.
Reis het één keer door en je komt er honderden tegen. Klein en stoffig en totaal niet opgewassen tegen het leed van de wereld.
Een of andere uitgeteerde negro bouwde er een kerk en legde zo de basis voor een leven dat altijd op de voet gevolgd wordt door de dood. Want ze weten het hoor.
Ze weten het.
Zat voorbeelden van dorpjes waar het misging. Waar het allemaal instortte, en waar dat nog zo gemakkelijk leek te gaan ook.
Eén moment van zwakte, één moment waarop de zon je in de ogen scheen,
waarop je niet scherp meer zag.
Voorbeelden, waarschuwingen, legendes. Hoe je ze ook noemen wilt.

De details verschillen.
Maar wat blijft, in ieder verhaal, is het einde.
Of het begin, hoe je d'r het liefst tegenaan kijkt, in
de meeste dorpjes zijn ze meer op het einde gericht.
Aan het einde komt er een reiziger aan in het dorpje.
Een vreemdeling.
Een frisse, jonge vent die het tij kan keren.
En het einde begint, net als wij beginnen te snappen
dat hij dat niet wil.
Dat hij dat nooit gewild heeft.
En dat het sowieso te laat zou zijn. Dat het al was
afgelopen voordat het begonnen was.

*Korte stilte.*

VERTELLER  De trein komt niet meer.
Waarom zou hij nog? Het spoor zal binnen een jaar
of wat wel worden omgesmolten.
Ik moest er maar weer eens vandoor.
Ze wachten op me.
Ze weten het nog niet.
Maar ze wachten op me.
En als mensen op je wachten,
dan moet je niet te laat zijn.
Dat is onbeleefd.

*De Verteller staat op. Pakt zijn koffer. Loopt af. Lazarus laat nog
een laatste blik over het toneel gaan. Dan loopt hij naar de schakelaar
van het oplichtende kruis. Hij zet de schakelaar om.*
*Het kruis dooft uit.*
*Donker.*

www.ingramcontent.com/pod-product-compliance
Lightning Source LLC
Chambersburg PA
CBHW022012080426
42733CB00007B/573